누워있는
1등급 아빠

누워있는 1등급 아빠

초판 1쇄 발행 2022년 9월 17일

지은이 이혜진
그림 고희준
펴낸이 장길수
펴낸곳 지식과감성#
출판등록 제2012-000081호

교정 김우연
디자인 정슬기
편집 정슬기
검수 이혜지, 이현
마케팅 고은빛, 정연우

주소 서울시 금천구 벚꽃로298 대륭포스트타워6차 1212호
전화 070-4651-3730~4
팩스 070-4325-7006
이메일 ksbookup@naver.com
홈페이지 www.knsbookup.com

ISBN 979-11-392-0660-9(03810)
값 12,000원

- 이 책의 판권은 지은이에게 있습니다.
- 이 책 내용의 전부 또는 일부를 재사용하려면 반드시 지은이의 서면 동의를 받아야 합니다.
- 잘못된 책은 구입하신 곳에서 바꾸어 드립니다.

지식과감성#
홈페이지 바로가기

"누워있는 1등급 아빠와의 간병생활을 작업치료사인
딸의 언어로 기록한 이야기"

누워있는
1등급 아빠

이혜진 지음

"나는 다시 태어나도
그대들의 딸이
되겠습니다."

나는 다시 태어나도 그대들의 딸이 되겠습니다.

내 인생에서 가장 빛났던 순간, 아빠를 진심으로 돌보던 그 순간을 공유합니다.
가족 간병과 노후 돌봄에 대해 다른 시각으로 생각해 볼 수 있는 무겁지만 따뜻한 이야기.

머리말

효자, 효녀로 시작해 영 케어러, 청년돌봄자란 꼬리표까지 달렸지만 '긴 병에 효자 없다'라는 말에 반박하고 싶었습니다. 2010년 62세 어린 할아버지가 된 누워있는 1등급 아빠. 쓰러지기 전부터 여기저기 아픈 곳이 많았던 아빠. 막일로 잦은 술과 고된 육체노동으로 긴 시간을 견디며 살아온 세월이 말해주듯, 아픈 곳이 없는 게 신기한 일입니다.

아빠와의 추억을 기록하기 위해 적어둔 메모장을 뒤져가며, 글을 적기 시작했습니다. 하나의 주제로 글이 완성될 때마다 아빠의 죽음이 슬프지 않았습니다. 늘 아빠가 제 곁을 지키고 있는 것을 느끼게 하는 장치였습니다. 아버지 생애 마지막을 지키지 못했던 아쉬움을 보상할 수 있었습니다.

간병 살인이라는 단어가 생겼습니다. 초고령 사회로 가고 있는 우리 사회에서 무시할 수 있는 단어는 아닙니다. 한때는 긴 간병에 매우 지쳐있었습니다. 미래에 누가 될지 모르는, 그 간병 살인의 대상자는 내가 될 수도 있었습니다.

간병이란 단어의 색은 어둡고, 그 무게가 무겁습니다. 누군가를 돌보고 나를 희생하는 내용으로 받아들여집니다. 그러나 간병으로 오는 어두운 색 안에서도 밝은 색을 찾고 싶었습니다. 그저 긴 병을 간병 살인이란 단어로 단정 짓기에는 아빠는 많은 것을 남겨주었습니다. 긴 병이라는 것이, 우울하고 슬프기만 한 것이 아님을 말해주고 싶었습니다.

뇌병변 장애 1급, 노인장기요양보험 1등급, 28시간의 돌봄이 필요한 아빠, 한글도 모르는 엄마와 함께한 긴 간병의 이야기를 작업치료사인 딸의 언어로 기록하고 싶었습니다.

비록 다른 이들보다 빠르게 아빠의 기저귀를 갈고, 목욕을 시키고, 한 가정의 가장이 되어야 했지만, 진심으로 누군가를 돌본다는 건, 한 사람의 인생에서 가장 빛나는 순간이라고 할 수 있습니다. 그 빛나는 순간을 공유합니다.

📁 작사녀 언어

간병/돌봄

앓는 사람이나 다친 사람의 곁에서 삶의 동기부여와 가치를 느끼게 해주는 작업. 즉 살아야 하는 이유를 함께 공유하는 이를 간병사, 돌봄자라 한다.

누군가를 진심으로 돌봄으로써 자신의 인생에서 가장 빛나는 순간의 기록을 저장하는 행위

목차

머리말 4
작사녀 언어 7

▶ 나는 다시 태어나도 그대들의 딸이 되겠습니다   11
1. 말하지 않아도 알아요   12
2. 아빠! 어서 그 강을 건너가세요   19
3. 아빠의 영원한 단짝   25

▶ 사랑스러운 나의 짐   31
1. 영 케어러(young carer)의 삶   32
2. 아빠의 딸이 결혼하기까지   39
3. 가장 무서운 병   50
4. 마른하늘의 날벼락   56

▶ 진심을 다하다   65
1. 아프다고 말도 못 했는데   66
2. 엄마의 금 동아줄   73
3. 갖고 싶은 것과 필요한 것   79
4. 살기 위해 관리하는 피부   86
5. 센스 있는 or 감각적인 사람   94
6. 엄살과 통증 사이   103

7. 몰래 찾아온 손님　　　　　　　　　　112
  8. 365일 주먹 쥔 손　　　　　　　　　　118
  9. 눈으로 먹다　　　　　　　　　　　　123
  10. 벌거벗은 임금님　　　　　　　　　　129
  11. 아빠의 슈퍼 카　　　　　　　　　　135

▶ **기억의 끝자락**　　　　　　　　　　　　**139**
  1. 기억이란 숙제　　　　　　　　　　　140
  2. 끝, 마지막 준비　　　　　　　　　　　143

▶ **돌봄의 의미**　　　　　　　　　　　　　**149**
  1. 엄마의 딸　　　　　　　　　　　　　150
  2. 노후에 돌봄은 누가?　　　　　　　　154
  3. 독립적이고 생산적인 노년을 위해　　156

맺음말 159
작사녀 이야기 162

나는 다시 태어나도
그대들의 딸이 되겠습니다

1. 말하지 않아도 알아요

눈에 보이지 않아도, 말하지 않아도 알아요

2016년 12월 15일 자정.

안녕하세요. ○○병원입니다. 이재봉 씨 따님이시죠? 지금 아버지께서 위독하십니다. 빨리 오셔야 할 것 같아요.

이제 4살이 된 아들과 5개월이 된 딸이 곤히 자고 있을 시간이었다. 급하게 옷을 챙겨 입고, 엄마에게 아이들을 맡긴 채 그렇게 아빠의 마지막이 될 수도 있는 모습을 보기 위해 급히 나섰다.

아빠의 위독하다는 전화와 위험한 상황은 아빠가 쓰러지신 후 여러 번 겪었던 일이라 크게 놀랍지도 않았다. 그러나 이번에는 기분이 이상했다. 정말 마지막이 될 수도 있을 것 같다는 느낌이 강하게 들었다. 저녁 장사 중인 남편에게 이 사실을 알린 후, 콜택시를 타고 병원에 도착했다.

아빠가 있는 요양병원의 중환자실에 간호사들의 분주한 움직임이 보였다. 요양병원의 중환자실이란, 대학병원의 중환자실이 아닌 거동이 불편하고 혼자서는 할 수 있는 것이 거의 없는 침상 환자들이 모여있는 병실이다. 보통 간호사실 바로 옆에 위치하고 있어 위험한 상황이 발생하면 빠르게 처치가 가능한 곳이기도 하다.

조심스레 아빠에게 다가갔다. 사랑하는 나의 아빠는 나를 기다렸던 것 같은데, 금방 5분 전 눈을 감으셨다고 아빠가 아닌, 간호사가 말을 했다. 임종 직전에는 실어증이 있는 뇌졸중 환자들도 말씀을 하는 경우가 있다던데, 나는 그 기회마저도 놓쳤다. 아직까지도 아빠의 손과 발이 따뜻했다. 당직 의사는 사망선고를 하고 신고서를 작성해주겠다고 했다. 이렇게도 편하게 아빠를 보낼 수 있었는데, 아빠를 보내기 싫었다.

심폐소생 거부(DNR, Do Not Resuscitate)

DNR 동의서에 사인을 한 지 두 달쯤 지난 후 아빠는 그렇게 쉽게 그 강을 건너실 수 있었다. 아빠가 아픈 동안 우리 가족은 집 근처 대학병원 응급실을 제집처럼 다녔다. 나는 지금도 그 병원의 응급실을 가면 아빠와의 힘들었던 기억이 다시 살아난다. 대학병원은 괜히 대학병원이 아니다. 아빠는 위독한 상황, 즉 "오늘을 넘기지 못하실 거예요"라는 말을 수없이 의료진에게 들었다. 급하게 구급차를 타고 대학병원 응급실을 가게 되면, 짧게는 하루 길면 일주일 다시 컨디션을 회복하셨다.

대학병원은 입원실도 없는 경우가 많다. 응급실에서 엄마와 나는 편의점 박스 위에서 간단히 끼니를 때우고 잠을 자며, 그렇게 3일을 지내기도 했다. 전염성이 있는 VRE(반코마이신 내성 장알균 감염) 때문에 응급실 격리실에서 이틀 꼬박 밤을 지새우기도 했다. VRE는 노인환자, 면역 기능 저하 환자, 장기간 입원으로 항생제 치료를 받은 환자에게 보통 발생하게 되는데, 아빠는 이 모든 사항에 해당되었다.

아빠는 와파린 약을 장기 복용한 환자이다. 태생적으로 약한 피부이기는 하나, 와파린의 영향으로 종잇장처럼 얇은 피부로 변했다. 수액 투여 및 혈액 검사를 위해 혈관을 찾으려면 혈관이 보이지 않았다. 연차가 높은 간호사들이 여러 번 시도를 했지만 실패할 경우가 다반사였다. 급할 시에는 할 수 없이 심정맥에 긴 꼬챙이 같은 바늘을 넣는 시술도 여러 번 했다. 종잇장처럼 얇아진 피부에는 흔히 응급실에서 사용하는 의료용 테이프를 사용하면 테이프와 아빠의 살결이 같이 떨어져 피부가 얇게 벗겨지기도 했다. 그래서 엄마와 나는 자극 없는 테이프를 따로 구매하여 들고 다니며, 수액을 해야 한다면 이 테이프를 사용해달라고 간호사들에게 부탁했다.

위독하다, 위험하다, 할 때마다 나는 사설 구급차를 타고, 대학병원 응급실로 향했다. 대학병원 응급실은 검사 결과가 나오기까지 짧으면 3시간, 길면 며칠 걸리는 것을 아는 우리는 일반 종합병원 응급실을 가기도 했지만, 종합병원에서는 과거 병력이 많은 아빠가 겁이 났는지, 바로 대학병원 응급실로 가라며 치료를 거부하기도 했다.

신기하게 아빠는 그때마다 기적처럼 다시 살아나셨다. 아빠가 돌아가시기 몇 달 전 응급실에서는 오늘 밤이 고비고, 내일을 넘기시기 힘들다며 준비하라는 말을 들었다. 나는 그때 풀타임으로 대학원 박사과정 중이었고, 그 당시 국민건강보험공단의 프로젝트를 준비하고 있을 때였다. 지금은 국민건강보험공단의 본부가 원주지만 그 당시에는 서울 마포였다. 그 뒷날 프로젝트의 계약 건으로 서울을 가야 했다. 당장 아빠가 위독한데 그 계약 건을 위해 대신 갈 수 있는 사람이 아무도 없었고, 필요한 서류 등 도장도 모두 내가 들고 있었다. 할 수 없이 내가 가야 했고 내가 끝내야 하는 나의 일이기에 책임감 하나로 새벽 첫 비행기를 타고 다녀왔다. 동시에 한편으로는 아빠에 대한 믿음이 있었다. '그래, 이렇게 쉽게 가실 분 아닌 거 알잖아.'

"아빠, 나 일 때문에 서울 갔다 와야 되는데, 그때까지 견딜 수 있을까?"
의식은 없지만, 눈을 감고 기다리겠다며 웃으시는 게 느껴졌다.

다행히 서울을 다녀올 동안 일은 발생하지 않았고, 입원실이 생겨 3일 응급실에서 대기 후 입원 치료를 할 수 있었다. 아빠는 대학병원에서 치료를 받으며 급속도로 좋아지셨고, 퇴원 후 예전에 계셨던 요양병원으로 돌아왔다. 사실, 요양병원에서는 기쁘게 맞이해주진 않았다. 까다로운 보호자와 많은 과거 병력이 있는 시한폭탄 같은 환자가 다시 돌아온다는 게 의료진의 입장으로는 크게 반갑지는 않았을 것이다. 요양병원에 도착하자마자, 수간호사 선생님께서 조심스레 나를 부르며 DNR 동의서에 대해 설명하며 알려주셨다.

아빠는 늘 대학병원으로 갈 때마다 나보고 가지 말자는 눈빛을 보내셨다. "그것은 본인이 힘들어서 그랬을까?"라며 추측도 해봤지만, 본인의 몸보다는 나와 엄마가 고생하는 모습을 보고 있기 힘드셨을 거다. 그러나, 나는 아빠가 제일 힘들었을 것이라 생각한다. 아픈 사람이 제일 힘들다. 보호자도 물론 힘들지만 아픈 본인이 제일 힘들고 마음 아프며 견디기 힘들 것이다.

엄마에게 DNR에 대해 설명하니 동의하신다. 이제 그만 힘들게 하고 아빠를 보내주자고 하시는 엄마에게 다 알면서도 딸은 화를 낸다. 아빠가 지금 당장 돌아가시는 것도 아닌데 나는 서명을 하면서도 눈물을 훔치느라 힘들었다. 그 서명을 하고 나면 아빠는 곧 강을 건너서 다시는 돌아오지 못할 것 같았으니 말이다.

엄마가 아빠에게서 느낀 것은 말하지 않아도 알 수 있는 것이다. 나도 아빠에게서 느꼈던 것은, 말하지 않아도 알 수 있는 것이다.
그러나, 애써 모른 척하고 싶었다.
동의서를 작성하고 난 후, 얼마 되지 않아 아빠는 그렇게 쉽게 강을 건너시고 다시는 돌아오지 못할 길을 가셨다. 아빠를 돌아오지 못할 강에 건너게 한 사람은 나라고 엄마에게 말한다. 그러나 그동안 그 강을 건너지 못하게 한 사람도 나라고 말한다.

　누군가를 진심으로 돌본다는 건 인생에서 가장 빛나는 순간이라 할 수 있다. 내 인생에서 가장 빛났던 순간. 아빠를 진심으로 돌보던 그 순간을 기록하고, 간병이 힘든 것만이 아니란 것을 많은 사람에게 알리고 싶다. 내 인생에서 빛날 수 있는 기회가 또 온다면, 나는 기꺼이 그 순간을 기쁘게 맞이할 것이다.

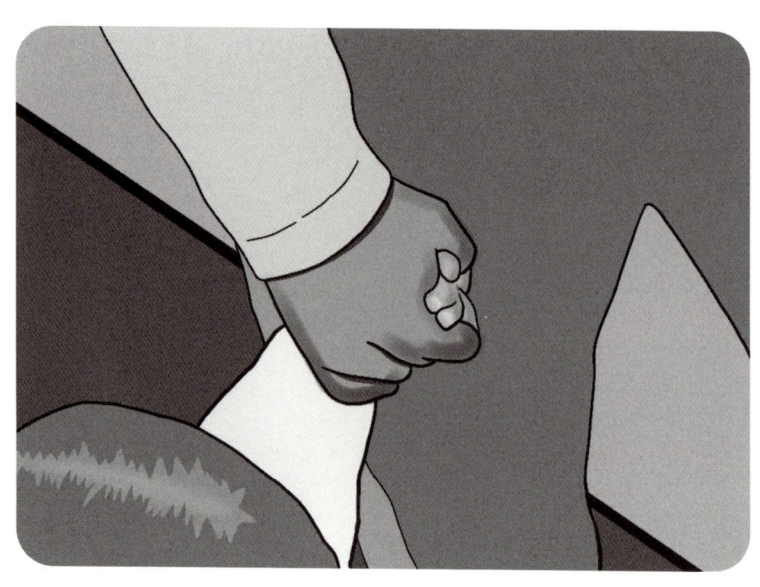

아빠의 그 눈빛은 딸에게 간절히 말하고 있었다.
말하지 않아도 알 수 있는 것이었지만, 애써 모른 척하고 싶었다.

2. 아빠! 어서 그 강을 건너가세요
누워있는 1등급 아빠의 시작

그해 겨울, 저녁 엄마에게 전화가 온다. 늘 오는 전화지만 왠지 모르게 불안한 기운이 느껴진다.

어…. 엄마.
엄마는 다급한 목소리로 울면서 말씀하셨다.

"진아! 아빠가 이상하데이.
집에 오니깐, 침을 질질 흘리고
말도 못 하고 이상하데이."

나는 작업치료사다. 여러 가지로 부족한 집안의 외동딸로 태어났으며, 빠르게 돈을 벌어야 한다는 목적 하나만으로 졸업식도 하기 전 부산에서 경기도 의정부에 있는 재활병원 인턴 치료사로 취업을 했다. 2010년 1월 4일 국가고시 합격의 기쁨도 누리지 못한 채, 그렇게 나의 작업치료사의 길은 시작되었다.

아마 나도 모르게 빠르게 취업을 해야 한다는 환경에 화가 났었던 게 아닌가 싶다. 12년 전 그때의 감정이 아직도 생생한 것을 보면 말이다. 그렇게 2010년은 나에게 새로운 도전의 한 해였다. 그 당시 새내기 작업치료사들의 일자리는 경남과 부산지역보다는 경기도, 서울 쪽의 큰 재활병원들이 많았고 취업의 문도 넓었다. 부모님에게 받을 수 있는 여유자금은 없었다. 오로지 내가 가진 것은 아르바이트로 모아온 70만 원과 건강한 신체가 다였으니 말이다.

취업을 해도 문제였다. 병원에 기숙사가 제공되지만, 기숙사라고 하기보다는 방 세 칸 정도의 25평대 빌라였다. 방 한 칸에 2층 침대가 있고 두세 명이 같이 잠을 잘 수 있는 곳이었다. 그러나 나는 갓 들어온 신입이었기에 그런 기숙사도 누리지 못했다. 가진 돈 70만 원으로 내가 갈 수 있었던 곳은 고시텔이었다. 고시원 생활이 어떠한지는 임상 실습 기간 동안 지내왔었기에 대략은 알고 있었다. 그렇게 작업치료사 인턴 생활은 시작되었다.

1년 정도의 시간이 흘렀다.

어느새 나는 2년 차의 작업치료사를 바라보고 있었고 신졸 작업치료사를 뽑는 구인공고를 내고 있는 시점이었다. 의정부에서의 1년 생활은 시간이 된다면 꼭 들려주고 싶은 에피소드가 많다.

그해 겨울, 아빠가 뇌졸중(뇌경색)으로 쓰러지면서, 나의 간병 생활은 시작되었다. 나와 아버지는 다른 아버지와 딸 사이가 그렇듯

특히, 더 애틋했다.

쉽게 강을 건너게 한 나의 아빠

아빠는 전라남도 고흥 풍양면 한동리 4남매 집안의 늦둥이로 태어났다. 그 당시 할아버지가 47세에 아버지를 보신 거니, 늦둥이도 그런 늦은 늦둥이가 아닐 수 없다. 아버지의 집안은 전라남도 고흥에서는 알아주는 부자였다. 그런 집안의 늦둥이였으니, 애지중지 키웠을 테다. 할아버지의 뜻은 아녔을지 몰라도 아빠는 고흥에서 모르는 사람이 없을 정도로 문제아였단다. 큰엄마한테 듣기에는 작은 체구지만 싸움도 1등에 중학교 때부터 술통을 끼고 살았단다. 나에게는 큰엄마인 아버지의 큰형수가 시집을 오고 나서 아버지가 태어나셨으니 진실에 더 가깝지 않을까 싶다. 그렇게 사고만 치던 아버지는 18세 되는 해 집에 있는 소 두 마리를 팔아 술을 마셨단다. 그 이후 아버지는 어떻게 되셨을까? 할아버지에게 죽도록 매질을 당했을까?

아빠는 진정한 사나이셨다. 매질당하는 것이 두려워 자진으로 월남전 참전을 하셨다. 아빠는 1948년생이니, 18세에 월남전을 다녀오셨으면 1966년도쯤 예상된다. 그 당시 나의 큰아빠, 아빠의 큰형은 군인이셨는데 아빠가 소를 팔아넘기고 나서 소식이 끊겨 걱정을 하고 있었다고 한다. 그런데 자진으로 월남전을 가겠다고 모여있는 사람들 중 늦둥이 동생이 있었으니, 이미 막을 수가 없는 상황이었다고 전해 들었다. 이렇게 들어도 아빠는 꼴통 중의 꼴통이셨다.

그렇게 월남전을 가시고 월남으로 갈 때 입었던 옷이 고흥 집으로 전보가 왔다. 한 번도 뵌 적도, 얼굴도 모르는 나의 할머니는 전보 소식이 아빠의 사망 소식인 줄 알고 심장마비로 돌아가셨다고 한다. 월남전에서 돌아온 아빠는 조용히 지내지 않고 더 많은 사고를 치고 다니셨다. 몇 년 동안 소식이 끊기기도 하고 경찰서에서 연락이 오기도 하고, 사람을 시켜 잡아오면 또 나가고 그렇게 반복을 하던 중 나의 엄마와 중매로 만나셨다. 아빠가 37세에 32살의 엄마를 만나 38세에 내가 태어났다. 아빠도 엄마도 이른 나이에 나를 낳으신 건 아니었다.

월남전을 다녀온 외상 후 스트레스인지는 몰라도 아빠는 알코올 중독에 가까운 상태로 술에 미쳐있으셨다. 술을 드시지 않을 때는 그런 선비가 없지만, 술만 드시면 엄마에게 폭언을 하고 도통 조용할 날이 없었다. 지금 생각해보면 술을 먹지 않고서는 견딜 수 없는 아빠의 심리적 문제가 있지 않았을까 싶다.

한 가정의 가장이 된 아빠는 막노동 일을 시작하며 배운 철근 일을 계속하셨다. 흔히 말하는 막일이라는 일이다. 막일은 새벽부터 나가서 12시간 이상을 일하는 노가다라고 불리는 힘든 일이다. 그런 심리적 문제에 신체까지 힘드니, 술을 먹지 않으면 견딜 수가 없었나 보다.

  이런 아빠도 내 앞에서는 딸바보셨다. 나는 아빠가 매일 술에 취해있으셨지만, 그 술 냄새가 싫어도 아빠와 뽀뽀도 하고 아빠 옆에서 잠을 잤다. 아빠가 술을 먹고 들어와 뻗으면 양말도 벗겨줘, 물도 떠줘, 싫지도 않았으며 오히려 더 사이가 좋았다. 흰머리가 유독 많이 나고 햇빛에 그을려 새까맣고 주름진 얼굴이지만 아빠가 너무 좋았다. 그렇게 좋아했던 아빠인데 지금 나는 건너지 못하는 그 강에 아빠를 보낸 후로 아빠를 볼 수가 없다.

나는 건너지 못하는 그 강을 아빠의 간병생활 끝에,
그리도 보내고 싶었는지 모른다.

3. 아빠의 영원한 단짝
아빠의 영원한 단짝 이옥희 여사

나의 간병 생활에서 빠질 수 없는 분이 계시니, 그분은 바로 나의 엄마 이옥희 여사이시다. 우리 가족은 평범한 가정은 아니었다. 평범한 아빠와 엄마가 아니셨으니 말이다.

평범이라는 국어사전의 뜻은 뛰어나거나 색다른 점이 없이 보통이다의 어근인데, 우리 집은 뛰어나도 너무 뛰어나고 색달라도 너무 색달랐다.

엄마는 세 살도 되기 전에 빙초산이 든 사이다병을 마셨다. 그래서 죽을 거라고 내버려 둔 아이가 외할아버지의 갑작스러운 사고로 사망하신 후, 기적처럼 살아나셨단다. 지금도 엄마는 외할아버지가 자기를 대신해 생을 마감하신 거라고 굳게 믿고 계신다. 그렇게 엄마는 목숨은 구했지만 빙초산을 먹은 후유증으로 들을 수는 있으나 말을 할 수 없었다고 한다. 엄마도 4남매의 막내로 태어났다. 큰오빠와 두 명의 언니가 있었는데 엄마의 집은 안타깝게도 찢어지게 가난했다. 말도 못 하는 엄마는 그렇게 어린 나이에 식모살이를 했다. 말이 식모살이지 말도 못 하는 어린 식모…. 얼마나 힘들고 고생했을까…. 나는 사실 상상도 되지 않는다.

　엄마는 학교를 다니지 못하셨다. 엄마의 나이는 1953년생이신데 사실 그쯤에는 웬만하면 한글은 배웠을 시대다. 엄마가 아직까지 말을 못 하는 것은 아니다. 엄마가 9살쯤 되던 해 엄마의 큰오빠이자 나의 외삼촌께서 엄마에게 염소 두 마리를 지켜보라고 했단다. 9살 여자아이가 염소를 본다면 얼마나 볼까? 결국 염소는 잃어버렸고, 화가 난 외삼촌은 엄마의 뺨을 때렸는데, 그때 충격으로 말문이 트였다고 한다. 참으로도 슬픈 이야기이다.

　말문이 트였다고 해도 9살에 학교를 갈 수 없어, 계속 배우지도 못하고 성인이 될 때까지 울산 방어진에서 식모살이를 했다. 그래서 나의 엄마는 내가 어렸을 때 한 번도 책을 읽어주신 적이 없다. 그림책만 보게 하셨고 나는 글도 그림으로 알고 《신데렐라》,《콩쥐팥쥐》…. 모든 동화는 그림으로만 이해를 했다.

　먹고살기 바빴다는 이유로 엄마는 글을 계속 배우지 못했다. 이제야 글을 배운다고 노인학교도 가보고 했지만, 엄마의 굳은 머리를 쓰기에는 힘드셨나 보다. 지금은 또 배우는 것을 중단하셨다.

　그런 아빠와 엄마가 만났으니 우리 집은 조용할 날이 없었다. 엄마는 식모살이의 성장 배경이 있어 그런지 흔한 경상도 말로 세다. 지금도 세월이 느껴질 만큼 센 이미지가 외모에 풍긴다. 아빠와 함께 딸을 키우기 위해서는 세질 수밖에 없었을 테다. 그런 센 여자이기에 아빠에게 엄마는 고분고분할 수 있는 여자가 아니었다. 술을 먹고 오는 날이면 엄마는 아빠보다 더 날뛰었으며, 엄마가 술을 더 잘 드셨으니, 내가 느끼기에는 월남전보다 더 큰 전쟁일 때가 많았다. 아빠가 재떨이를 던지는 날에는 엄마는 텔레비전을 망치로 깨는 여자였다. 지금 생각하면 너무 웃기지만, 배운 것이 없는 나의 엄마는 남편의 술버릇이 이렇게 하면 고쳐질까 하는 희망이 있었는지도 모른다.

알코올 중독의 딸바보 아빠와 센 엄마 밑에서 그래도 행복했다. 나는 외동딸로 많은 사랑을 받으며 그렇게 성장했다. 비록 좋은 환경은 아니지만 이 환경도 감사하게 생각한다. 좋은 집안이 아니었지만 딸 하나만큼은 지극히 보살피며 사랑을 듬뿍 주셨다. 지금, 내가 이렇게 잘 자라서 남들 부럽지 않은 가정을 꾸리고 살고 있는 것도 부모님의 배경도, 돈도 아닌 그저 조건 없이 나에게 준 믿음과 사랑 덕분이다.

이옥희 여사의 간병 시작

바쁜 오후의 일상, 환자들을 치료하고 있는 시간 나의 사물함에서 자꾸 진동 소리가 들린다. 쉬는 시간 확인하니 055의 국번으로 여러 통의 부재중 전화가 왔다. 나의 아버지는 뇌졸중으로 쓰러지신 후 양산부산대학교 병원 응급실부터 중환자실을 거쳐 의식을 찾지 못하였지만 일반병실로 옮겨졌다.

'어? 왜 병원에서 전화가 왔지…? 엄마가 있을 텐데…?'

불안한 마음에 병원에 전화를 했다. 나는 최대한 공손히 나를 알렸다.

"네. 안녕하세요. 이재봉 씨 보호자 딸인데요."

"네, 저는 이재봉 씨 담당 간호사입니다.
오전부터 이재봉 씨 보호자인 어머니가 안 보여요.
지금 5시간째 보이지 않고, 소변 통도 비우지 않아,
따님한테 전화드렸어요.
환자 분 저렇게 혼자 두시면 위험해요.
어머니와 연락을 취해서 빨리 오실 수 있도록 해주세요."

세상에 이게 무슨 상황인지…. 전화를 끊자마자 엄마에게 전화를 했다. 몇 번 받지 않으시다 울면서 받으셨다. 울면서라기보다 술을 드시고 술주정에 가까운 말씀들을 하셨다. 병원에 있기 싫다느니, 영감탱이가 죽지도 않고 저렇게 살아서 애를 먹인다고, 나는 당장 내가 다니던 병원에 사정을 말하고 의정부에서의 생활을 급하게 정리 후 부산으로 내려오게 되었다.

엄마를 이해하려고 노력했다. 남편의 갑작스러운 쓰러짐과 간병이 받아들이기 힘들었겠지? 한동안은 엄마의 얼굴도 보기 싫었지만, 그런 엄마에게 화를 낼 수도 없었다. 이 힘든 상황을 버티려면 화낼 힘도 아껴야 했다. 아버지는 그 흔한 보험도 가입되어 있지 않아 진단비는 구경도 하지 못했다. 대학병원에 눈덩이처럼 불어난 병원비는 참으로 막막했다. 일을 바로 해야 했기에 엄마를 다독이며 간병을 하게 하고, 나는 부산에 있는 병원에 재취업을 했다.

나의 엄마는 간병 초기 도망도 갔던 보호자셨지만, 간병 끝에는 전문 간병사도 최고라고 할 정도의 간병의 달인이 되셨다. 그렇게 엄마의 도망과 함께 아빠의 간병 생활이 시작되었다. 더 이상 우리 가족은 물러설 데가 없었다. 아무것도 할 수 없는 아빠와 아무것도 모르는 철없는 엄마의 보호자는 나 혼자였다.

간병 초기 아빠를 두고 도망갔던 나의 엄마 이옥희 여사...
그녀를 누구도 욕할 수는 없다.

사랑스러운 나의 집

1. 영 케어러(young carer)의 삶
청년돌봄자의 그 자리

아빠는 2010년, 62세부터 아무것도 할 수 없는 어린 할아버지가 되었다. 쓰러지기 전부터 여기저기 아픈 곳이 많았다. 수술이 필요하지 않은 병도 있었으며, 수술이 필요한 병도 있었다. 막일로 술과 고된 육체노동을 견뎌내며 꽤 긴 시간을 살아오셨으니, 아프지 않은 것이 오히려 신기할 일이다.

작업치료를 배우는 과정에서는 해부학, 생리학, 의학용어 등 기초의학을 배우게 된다. 대학 1학년 내가 병리학을 배우는 학기였다. 그 수업 과정에서 간(liver)에 대한 부분이 있었는데, 그날 수업을 마치고 집으로 와서 아빠를 보는데 자꾸 수업시간 배웠던 간경화의 증상이 떠올랐다. 일주일 전부터 소화가 안 된다며 소화제를 드시기도 하셨고, 제일 특이한 증상으로 흰 눈동자 부분이 누랬다. 그러고 보니 아빠의 피부도 누렇다.

다음 날 나는 아빠와 함께 동네 의원으로 가서 소견서를 받아, 종합병원으로 갔다. 의사 선생님은 아빠를 보자마자 피검사를 의뢰하였고, 피검사 수치가 나오기도 전에 입원을 권유하셨다. 피검사 수

치에서는 간경화 직전까지 염증 수치가 높았다. 이대로 염증 수치를 두었다가는 간경화로 진행될 수 있으니 바로 아빠를 입원시켰다. 아마 그때 병원을 가지 않았다면 아버지는 간경화로 생을 마감하셨을까? 그럼, 뇌졸중이란 것도 오지 않았을 테고 좀 더 편하게 생을 마감하셨을까? 문득 그날을 회상하니 쓸데없는 생각이 든다.

다음 해, 자꾸 왼쪽 어깨가 아프시다고 한다. 나는 학교에서 흔히 배웠던 오십견인가 싶었다.

"아빠! 그거 나이 들면 생기는
어깨 아픈 병이니깐,
정형외과에 가서 약 먹고 물리 치료 하고 해야 돼.
나 오늘 학교 가야 하니깐, 낮에 병원 갔다 와요.
또 갔다고 거짓말하지 말고, 병원 가면 전화해.
의사 선생님과 통화할 테니깐 알았지?
꼭 가야 해."

우리 아빠는 딸의 말은 엄청 잘 듣는다. 그렇게 정형외과를 갔는데 정형외과에서 소견서를 적어주더란다. 좀 더 큰 병원에 심장내과로 내원하라며 적어주셨다. 그렇게 아빠는 심장동맥에 문제가 생겨 심장 우회수술을 하셨다. 기억에는 꽤 심각한 상황이었기에 이것 또한 늦었다면 위험했다.

수술은 잘 마무리되어 아빠는 건강하게 퇴원할 수 있었다. 입원과 퇴원, 수술 모두 나는 실습 기간이었기에 아버지 곁에 있어줄 수 없었다. 그래도 그때는 혼자 움직일 수도 있었으며, 대소변과 식사는 독립적이었으니 보호자가 크게 필요하지는 않았다.

심장 우회수술을 잘 마무리하였으나 문제는 심장이 아니었다. 심장수술을 하기 전 여러 가지 검사를 하게 된다. 검사 도중 아빠의 목동맥이 막혀있다는 것을 확인했다. 오른쪽 목동맥 중 뇌로 혈액을 보내는 속목동맥이 거의 막혀서 제 기능을 할 수 없는 상태였다.

아빠는 심장 우회수술을 끝내자마자 대학병원으로 이동해 속목동맥에 스텐트 삽입을 하게 되었다. 다행히도 대학병원에서 스텐트 삽입을 할 동안은 실습 기간이 끝난 시기여서 직접 아빠를 간병할 수 있었다.

이 수술 과정은 머리 부분을 절개해야 하기 때문에 작은 수술은 아니었다. 수술이 끝나고 아빠는 의식 없는 채 회복실에서 병실로 올라오셨다. 붕대를 머리에 감고 있었기 때문에 상처를 잘 확인하지 못했지만, 드레싱 과정에 상처를 보니 15cm 절개가 되어있었으며, 아빠의 머리는 굵은 스테이플러로 봉합되어 있었다.

문제는 그 상처보다 아빠의 수술 후 쇼크 증상이었다. 수술 후 의식을 차리고 난 아빠는 다른 사람이었다. 갑자기 화를 내고 주사를 뜯어내고 머리에 붕대를 풀고 난리 난리 온 병원을 발칵 뒤집어놓으셨다. 그렇게 3일을 쇼크 증상으로 다른 사람처럼 굴며 술 취한 사람처럼 행동하더니 3일이 지나니 거짓말처럼 돌아오셨다. 의사 선생님께서는 간혹 수술 후 쇼크 증상으로 이런 행동을 보이시는 분이 계신데 아마 며칠 지나면 회복하실 거라고 말하셨다. 그 말이 맞았다. 아빠는 3일 동안의 기억을 전혀 못 하셨고 다시 나의 아빠로 돌아왔다.

간경화 초기, 심장 우회수술, 스텐트 삽입술까지 이 정도 하셨으니 이제 그만 아프시겠지 했다. 이미 엄마와 나는 아빠의 병으로 지칠 대로 지쳐있었다. 지칠 만도 하지만 제일 지치는 것은 아빠의 잦은 병원생활 때문에 간병 생활이 지친 것이 아니다. 입원과 퇴원, 수술을 반복하면서 발생한 병원비는 정말 걷잡을 수 없었다.

본방송 시간을 지키면서까지 재미있게 봤던 드라마가 있다. 〈SKY 캐슬〉이라는 드라마이다. 극 중 혜나가 엄마의 병원비를 걱정하는 장면이 있었는데 나는 그때의 감정이 다시 살아나 남편 몰래 훌쩍인다고 혼이 났다.

대학병원의 병원비는 만만치 않았다. 국민건강보험이 가입되어 있어도 뭐가 그리 비급여 항목이 많고 비급여 주사제와 약이 많은지, 우회로 수술 2주째 수술비와 함께 천만 원 정도의 병원비가 청구되었다. 당장 집 보증금도 그 정도가 안 되는데 천만 원이 어디 있을까? 조심스레 원무과 직원에게 병원비 분할납부가 되는지 물어보았다. 학생 같아 보이는데 그런 질문을 하는 것을 보니 걱정이 되었는지 아빠의 성함을 검색 후 대학병원 사회복지사와 상담을 할 수 있게 해주셨다.

솟아날 구멍

그래, 솟아날 구멍은 있었다. 한국심장재단의 후원을 받을 수 있었던 것이다. 모든 비용을 받은 것은 아니지만 수술비와 비급여 항목 몇 가지를 받을 수 있었다. 지금도 생각하면 한국심장재단은 나에게는 하나님 같은 존재였다. 있는 돈 없는 돈 끌어모아 아빠의 건강이 회복하는 것을 지켜보고 나는 빠르게 취업을 했다. 건강해졌으니 또 아프시겠냐는 마음으로 의정부로 멀리 도망가듯이, 취업을 했다.

사실 빠르게 취업을 했지만 집 걱정이 끊이지 않았다. 특히 아빠가 제일 걱정이었다. 그 당시 영상통화가 비용은 비쌌지만 나는 매일 아빠와 출근 전, 출근 후 영상통화를 했다. 아빠가 쓰러지는 그날 역시 출근 전 영상통화를 하였다. 말하는 것이 어눌해 보여 왜 그렇게 말을 어눌하게 하냐고 다그치니, 아빠는 사탕을 먹고 있어서 그렇다고 하셨다. 나는 단순히 사탕이겠거니 하고 "저녁에 전화를 하겠다" 하고 끊었다. 아빠의 뇌경색 증상은 쓰러지는 그날 오전부터 진행되었던 것이다.

한참이 지난 저녁에 발견하였으니 뇌경색의 골든타임은 지나버렸다. 한참 후 엄마 말에 의하면 그날 아빠가 물잔을 들고 거실에서 걸어오는 걸음걸이가 매우 비틀거렸다고 한다. 어젯밤 소주를 몰래 먹었나 하고 별 대수롭지 않게 생각하고 출근을 하셨단다. 대수롭게 생각을 하고 오전에 병원을 갔더라면….

아빠는 사랑스러운 나의 짐이었다. 뭐가 그렇게 아빠를 좋아하게 했는지 모른다. 이유가 있겠는가? 아빠니깐….

나의 20대는 이 사랑스러운 짐을 지키기 위해 열심히 살아왔다. 내 밑으로 자녀가 두 명이 생기고 생각하니, 아빠의 삶에서도 나는 아빠의 사랑스러운 짐이었을 것이다. 아빠도 나를 지켰으니, 이제 내가 아빠를 지킬 차례다. 우리의 삶은 서로의 짐들이 모여, 버팀목이 되고 그 힘으로 살아가는 게 아닌가 싶다. 아빠는 사랑스러운 나의 짐이었고, 나는 그 짐을 지키기 위해 힘을 냈다.

아빠, 엄마라는 짐을 지키기 위해 살아왔던 20대의 삶.
잘 자랐고, 더 구수하게 자라자.

2. 아빠의 딸이 결혼하기까지
헤어져야 할 시간

아빠! 잘 잤어?
아빠! 갔다 올게.
아빠! 나 출근합니다.
아빠! 엄마랑 싸우지 말고, 잘 있어요. 빨리 올게.
아빠! 나 진짜 간다.
빠빠이. 손 흔들어 줘야지. 빨리!
오구오구 잘하네. 우리 아빠. 진짜 갑니다.

나는 아빠에게 보호받는 딸이 아닌, 아빠를 보호하는 딸이었다. 작은 방에서 눈을 뜨고 나면 아빠를 확인했고, 출근 준비를 끝내고 항상 같은 인사말을 여러 번 했다.

출근길 인사가 뭐가 저렇게 길었을까.

쓰러지신 후 1년 가까이 병원에서 지내고 나니, 우리 집 형편에 감당하기 힘든 병원비와 집이 있어도 들어가지 못하는 엄마와 나. 간병을 해야 하는 엄마. 그 간병을 하는 엄마를 보살펴야 하는 나.

엄마와 나는 결단을 내려야 할 시간이 왔다.

그래. 집에 가자!

사실, 아빠를 집에 모시고 간다는 생각조차 하지 못했던 시기였음에도 아빠는 집에 가고 싶다고 하셨다.

그래. 집에 가자!

추석 명절이 다가오고 있었을 때다. 보통의 재활병원에서 휴일은 일대일 재활치료가 없다. 일대일 재활치료가 없다는 말은, 환자와 치료사가 단 둘이 만나 치료하는 시간이 없다는 말이다. 그럼 휴일에는 보통 그룹치료 등 기구를 이용한 환자와 보호자가 해야 하는 셀프치료 등이 있다.

치료도 없는데 그럼 이번 연휴는 집에 데려가 보자. 그렇게 우리 가족은 1년 만에 함께 집으로 갈 수 있었다.

집은 뇌병변 1급, 노인장기요양등급 1급의 아빠를 돌보기에는 매우 부족한 환경이었다. 전동침대까지는 아니더라도 일반침대도 없었으며, 아빠에게 도움이 되는 물건이라고는 TV뿐이었다. 그런데 우리 가족이 굳이 집에 가서 연휴를 보내겠다고 고집부린 이유는, 집에 가고 싶은 아빠의 욕구보다는 연휴 동안 나와 엄마가 집에서 쉬고 싶은 욕구가 더 컸기 때문이다. 집에서의 아빠는 마음은 편했을지 몰라도 몸은 더욱 불편했다.

아빠는 입으로 식사를 하지 못했다. 삼킴장애가 있었으며, 흡인성 폐렴으로도 여러 번 대학병원 응급실을 들락날락하셨다. 삼킴장애가 있는 환자는 우선 영양공급을 위해 NG튜브를 하게 된다. 코에서 위까지 연결된 얇은 관(호스)을 통해 영양분을 섭취하게 된다. 그 관에는 일반적으로 ○케어라는 영양분이 가득 담긴 캔을 부어서 위로 음식물을 보낸다.

집에 간다면, 아빠는 콧줄(튜브)을 하고 있었기에, 베지밀의 색깔과 농도를 가진 ○케어란 캔으로 된 음료로만 식사를 하실 수 있다.

흡인성 폐렴의 후유증인지 아빠는 가래가 끊이지 않으셨다. 아마도 50년이 되도록 넘게 피운 담배가 원인이지 않을까? 그렇게 생긴 가래는 석션을 통해서만 배출할 수 있다. 병원에 설치된 석션기를 통해 매 시간마다 가래를 배출해야지만, 편하게 쉴 수 있고 잠을 주무실 수 있다. 아빠는 침을 삼키면서도 기침을 자주 하는 고위험군의 삼킴장애 환자셨다.

집에 간다면, 석션기가 없는 집에서 아빠는 가래로 힘들어할 것이 눈에 선했지만, 엄마와 나는 쉬고 싶은 욕구 하나만으로 두리발(부산시 장애인 콜택시)을 불렀다.

병원에는 이틀 외박 신청을 하고 그렇게 집을 나섰지만, 우리는 하루를 겨우 보내고 다시 병원으로 올 수밖에 없었다.

석션기를 대신해 아이들의 콧물을 빼주는 기구를 약국에서 구매한 후 사용해보았지만, 거대한 가래 양은 이 작은 기구로는 어림도 없었다. 그래도 우리 모녀는 가래만 잡히면 집에 올 수 있겠다는 희망과 큰 자신감을 얻었다.

드디어 퇴원과 딸의 결혼

그렇게 몇 번의 외박 끝에, 우리는 주 3회 외래치료를 받겠다는 계획하 퇴원을 하였다.
엄마와 나는 정말 기뻤다. 병원이 아닌 내 집에서 잠을 자고 일상생활을 할 수 있다는 것이 이렇게 큰 행복인가 싶었다.

퇴원 준비를 하면서 장기요양등급 신청도 하고 전동침대 및 목욕의자 등 집에 필요한 복지용구 물품을 대여하거나 구매하였다. 그렇게 아빠와 엄마, 나는 집에서 예전처럼 생활을 할 수 있었다.

우리는 퇴원하고 집에 온 날 작은 파티를 했다. 드실 수는 없지만, 케이크에 초도 꼽고 함께할 수 있다는 것에 감사하며 시간을 보냈다.
나는 아빠가 쓰러지신 이후로 내 미래의 남편이 될 사람을 상상하게 되었다. 아빠를 봐도 놀라거나 거부감이 없는 사람이었으면 좋겠다고 생각하며, 한편으로는 항상 걱정이었다. 복잡한 결혼이란 과정을 겪더라도 결혼의 욕구를 자극하는 짝이 생겼을 때, 아빠가 나의 결혼에 걸림돌이 되지는 않을까? 이런 딸의 걱정을 아셨을까? 이렇게 자기밖에 모르는 이기적인 딸이란 것도 알고 있으셨을까?

그렇게 시간이 흐른 뒤 지금 남편을 만났다. 지금 남편은 색깔로 치면 초록색 또는 노란색 같은 봄의 색을 가진 남자였다. 지금도 여전히 상큼하다.

우리는 스마트폰이 이어준 사랑이다. 그 당시 유행하던 어플인 1k와 페이스북, 카카오스토리가 이어줬다. 1년 정도 SNS 친구로만 지내고 서로의 게시물에 댓글을 달며 좋아요를 눌러주었다. 남편은 나를 만나기 전 여자친구도 있었으며, 그 여자친구는 꽤 예뻤던 것으로 기억한다.

그해 태풍이 왔다. 태풍의 이름은 볼라벤. 엄청 큰 태풍이라고 했지만, 경남지역의 태풍은 시시하게 도망갔다.

다른 날 같으면 잔뜩 꾸미고 나가는 출근길이었지만, 태풍이 온다는 그날만큼은 화장기 하나도 없는 얼굴에 재활용센터에서 받은 찢어진 큰 우산을 들고 오천 원 주고 산 슬리퍼를 신고 출근을 했다.

태풍이 불기 한 달 전 남편은 전 여자친구와 헤어졌는지 남편의 SNS에서는 그녀를 찾을 수 없었다. 쯧쯧, 그래 헤어졌나 보다 하고 서로 좋아요를 눌러주고는 했는데, 나의 SNS에 남편의 댓글이 자주 달리더니 적극적으로 변했다.

급기야, 날이 더우니 팥빙수를 같이 먹자며, 만나자고 한다. 그런데 나도 싫지는 않았던지, 댓글도 받아주고 인사도 하며 답도 했다. 그렇게 시간이 흐르는 중 태풍이 온 것이다.

태풍이 시시하게 간 그날 오후도 남편은 태풍도 이렇게 시시하게 갔으니 오늘은 꼭 팥빙수를 먹자고 한다. 아마도 술을 한잔하자 했으면, 만나지 않았을 거 같다. 오후 6시에 만나 팥빙수를 먹자니, 그래 심심한데 팥빙수나 먹지 싶어 퇴근 후 그대로 슬리퍼에 허름한 원피스 차림으로 남편을 만났다.

나는 금방 내 차림새에 후회하고 말았다.

우리는 SNS상으로 셀카와 사진으로만 1년을 봐왔기에 서로에 대한 이미지가 있었다. 내가 본 남편의 이미지는 작은 키에 그 당시 흔하지 않은 콧수염과 얍삽하게 생긴 외모였다. 한마디로 노는 남자로 보였다.

남편이 본 나는 적어도 170cm 늘씬한 키에 예쁜 이미지였다. 완

벽한 사진발인 줄도 모르고 1년을 그 사진에 속아 연락을 했다. 남편의 이상형은 큰 키에 시원시원한 고준희 같은 여성상이니, 나를 아는 사람은 풋 하고 웃을 것이다.

그렇게 나는 저녁만 먹고 헤어지려고 했던 남자와 지금 결혼까지 했다.

그 남자를 처음 만나고 인사를 나눈 후 몇 마디의 대화를 하는 동안 나는 참으로 미안해졌다. 이렇게 밝고 반듯한 남자를 외모만 보고 색안경을 꼈으니. 그리고 작은 키인 줄 알았는데 한참을 위로 올려본 180cm의 키였다. 알고 보니, 이 남자의 SNS 사진에는 유독 같이 찍은 사진이 많은 친한 지인이 있었는데 그 지인의 키가 190cm이었다. 옆에 있는 남편이 작아 보였던 것이 이해가 갔다.

그렇게 좋은 이성친구가 생긴 거 같은 기쁜 마음으로 이 남자를 몇 번 만나다 보니 하동우라는 남자의 매력에 빠져들고 있었다. 아빠와 엄마를 돌보면서 힘들었던 내 마음을 이 남자의 초록색과 노란색이 치료해주고 있었다. 만나면 엔도르핀이 생기고 웃고만 있는 내가 보였다.

우린 9개월의 연애 끝에 1년이 되던 날 결혼식을 올렸다. 내가 이 남자와 결혼을 결심하면서 만나게 된 것은, 정식으로 만나자고 한 지 일주일도 채 되지 않았을 때, 아픈 아빠가 있는 집으로 갑자기 데

려갔을 때이다. 그때의 표정과 행동이 꽤 멋있어 보였으며, 평상 시 나와 지인들에게 배려하는 모습에 이 사람과의 결혼생활 속 힘든 상황이 오더라도 견딜 수 있겠다는 생각이 들었다.

그 생각은 지금도 변치 않는다. 나에게는 과분한 남자이고, 지금도 나는 이 남자의 엄청난 기운을 받으며 힘을 낸다.

딸의 결혼 준비

그렇게 결혼을 준비하던 중 아빠는 알 수 없는 통증을 호소하며 끙끙 앓으셨다. 대학병원 응급실을 많이 가본 우리는 괜히 고생만 시키실 거 같다는 이유로 119를 불러 종합병원 응급실에 갔다. 통증의 이유를 모른 채 그저 반복되는 폐렴일 것이다 싶어 입원을 했다.

그러나 이번에는 보통의 신음 소리가 아닌 극도로 아파하는 소리와 모습이었다. 나는 잘못된 것 같은 판단에 대학병원 응급실로 급하게 이틀이나 지나서야 가게 되었다.

대학병원에서의 진단은 급성담낭염이었다. 그랬으니 이렇게 아파하셨지…. 말도 못 하시니 얼마나 아픈지 표현도 제대로 못 하시고…. 아빠에게 너무 미안했다.

응급 수술을 해야만 한단다. 그러나 아빠는 위험한 요소를 다 가지고 있는 환자셨고, 보통 건강한 사람이라면 복강경으로 가능하지만, 심장 우회로 수술을 한 사람은 복강경을 하기 위해서는 배에 가스를 주입해 부풀게 해야 하는데 그 방법이 오히려 심장에 무리를 줄 수 있다고 한다.

어쩔 수 없이 15cm가량 개복술을 해야 한다고 했다. 정말 위급한 상황이라 지금 당장 수술을 해야 하는데 그때의 시간이 새벽 2시. 수술 도중 아빠의 생명이 위독할 수 있는 비율은 90%라고 한다. 수술을 안 해도 위독하고, 해도 위독하면 해야 하지 않을까? 수술 동의서에 사인을 했다.

다행히 수술은 잘 마무리가 되어 아빠는 입원 치료를 하게 되었다. 건강한 사람은 담낭염 수술쯤이야 빠른 회복을 하시겠지만, 아빠는 성한 곳이 없는 분이시다. 회복실을 나오자마자 중환자실에 일주일을 계셨고, 대학병원에서 3달을 치료받으셨다. 대학병원 치료 중 나의 결혼 날짜가 다가왔다.

예정대로라면 아빠는 집에 계셨을 것이고, 하나뿐인 외동딸의 결혼식을 보기 위해 함께 준비를 하고 결혼식에 참석했을 것이다. 그러나, 아빠의 상황은 욕창과 수술 후 합병증 폐렴과 패혈증까지 의심되는 39도의 열이 오르는 상황에 처해있으며 하필 내일이 딸의 결혼식이다.

나는 비록 아빠가 아프지만, 내 결혼식에 아빠의 휠체어를 밀고 들어가더라도 같이 가고 싶었다. 병원에 사정을 말했으나, 위험해서 절대 안 된다는 말뿐이다.

다음 날 새벽에 내가 메이크업 등 결혼식 준비로 분주할 때 엄마는 병원에서 아빠를 데리고 몰래 나올 계획을 하고 계셨다. 결국 간호사에게 붙잡혀서 외출을 허락하지만, 환자가 잘못되었을 시 병원에 책임을 묻지 않겠다는 서약서까지 적고 아빠를 모시고 올 수 있었다.

아빠의 결혼식 참석은 007 작전처럼 스펙터클 했다. 그래서 그런지 지금 결혼식 가족사진을 보면 아빠의 표정이 매우 멍하고 마르셨다. 이후 아빠에게 물어보았지만, 결혼식 중간부터는 기억이 나지 않는다고 하셨다. 실제로 결혼식이 끝나자마자 아빠는 요양보호사 이모의 도움으로 구급차를 타고 급하게 병원으로 가셨다.

그날 아빠가 딸의 결혼식에 참석하지 못하셨다면, 나는 지금까지도 훗날 내 자식의 결혼식에도 후회가 되었을 것이다. 물론 아빠도 함께해서 좋았다고 표현하셨다. 아빠와 함께한 그날의 추억을 오래오래 간직하고 싶다.

남편의 초록색과 노란색이 나를 치료해주고 있었다.
그 따스함에 이끌려 아빠의 딸은 결혼을 했다.

3. 가장 무서운 병
가장 무서운 병은 아빠의 진단명

요즘은 손가락 몇 번의 터치로 뇌졸중에 대한 정보를 쉽게 찾을 수 있다. 어른들이 흔히 뇌졸중을 중풍(Stroke)이라고 말한다. 하지만, 뇌졸중과 중풍은 다르다.

뇌졸중은 영어로 'CVA(Cerebrovascular accident)'이다. 병원에서 치료사들은 뇌졸중 환자들을 흔히 CVA라고 말한다. 어른들이 말하는 중풍이라는 용어는 한방에서 오래 전부터 사용되었던 말이다. 뇌졸중은 아니지만 뇌졸중과 비슷한 증상을 보이는 안면신경 마비, 파킨슨, 간질 등의 질환이 서로 명확히 구분되지 않을 때 모두 포함하여 중풍이라고 흔히들 불렀다. 그러니 중풍이란 용어는 모호한 말이다.

뇌졸중은 우리나라에서 단일 질환으로 사망원인 1위이다. 그래서, 어르신들은 흔히 말한다.

뇌졸중 걸리면, 확 죽으면 되지 그거 뭐라고… 그래.

맞다. 그거 뭐 죽으면 되지. 그거 뭐라고 맞는 말이다. 실제로 나의 아빠도 그랬으며, 나의 엄마는 본인이 뇌졸중 간병을 그렇게 했으면서도, 지금도 저렇게 말씀하신다. 쉽게 주변에서 뇌졸중에 대한 정보를 알 수 있지만, 뇌졸중이 얼마나 무서운 병이란 것을 사람들은 잘 모른다.

뇌졸중은 쉽게 말해 뇌에 혈액을 공급하는 혈관이 막히거나 터져서 일어나는 것이다. 우리 몸의 혈관은 심장에서 나온 혈액이 온몸을 돌면서 뇌에도 가게 된다. 그러나 뇌에 혈액을 공급하는 혈관이 막히거나 터졌을 때는 뇌의 주변의 세포들이 죽게 된다.

아직도 기억나는 환자가 있다. 건강에는 자신이 있는 할아버지셨는데, 쓰러진 후 한쪽 사지에 편마비가 왔다. 할아버지에게 뇌세포들이 죽어서 할아버지의 손과 발이 마음대로 움직이지 않는 것이라고 설명하니, 할아버지께서 "죽으면 의사가 살리면 되지, 왜 못 살려"라고 자신은 의사를 잘못 만나 손과 발이 움직이지 않는다고 매일 말씀하셨다. 할아버지는 의사를 잘못 만난 것이 아니다. 뇌세포는 다시 살아날 수 없다. 살아나더라도 손상 전 상태로 완전히 회복할 수 없을뿐더러, 평생의 상처를 안고 살게 되고 새로운 세포가 그 기능을 대신하기도 한다. 세포의 여러 가지 변화가 일어나지만, 의학의 힘으로는 손상 전 상태로 돌아갈 수 없고 더 나아질 수도 없다. 이것이 뇌졸중의 현실이다.

70세의 뇌졸중으로 인해 편마비가 오신 할머니셨다. 할머니는 약간의 안면마비가 있으셨으며, 게다가, 삼키는 것에도 문제가 생겨 나에게 삼킴치료를 받으셨다.

삼킴장애란?
음식물을 삼키는 것과 연관된 뇌의 부위와 신체 구조물에 문제가 생겨 음식물을 구강으로 섭취할 수 없는 상태를 말한다.

이러한 치료를 삼킴치료라고 하며 현재 한국은 작업치료사가 삼킴치료를 할 수 있다. 안면마비로 발음이 다소 부정확했던 할머니께서는 늘 하던 말씀이 있었는데 이 말씀만은 정확하게 말씀하셨다.

옛날에 문둥이랑 풍 환자가 있었는데, 풍 환자가 문둥이한테 지금 앓고 있는 병을 바꾸자고 했단다.

그런데, 뭐라 했다는 줄 아나?
문둥이가 내가 미쳤다고 바꾸냐고,
미친 소리 하지 말라며 싸웠단다.
근데, 내가 그 풍이 온 거 아니가.
진짜 이게 이리 더러운 병인 거라.
내 맘대로 먹지도 못해, 걷지도 못해, 말도 못 해.
이제 다 살았다. 근데 한쪽이 병신이라 내 맘대로 죽지도 못한다.

생생하게 기억한다. 한센병 환자들에게는 다소 죄송한 표현이지만, 할머니께서는 그렇게 자신의 병을 나병이라 불리는 한센병보다 더 더러운 병이라면서 억울함을 호소하셨다.

사람들에게 많은 병중에서도 무서운 병을 꼽으라면, 아마도 본인이 겪는 병이 제일 무서운 병일 것이다. 그러나 나도 그 수많은 병중에서도 뇌졸중이 가장 무서운 병이라고 말하고 싶다. 암도 사망에 이르는 무서운 병이라고도 하여 요즘 암보험부터 시작해보면 뇌졸중보다 더 많은 진단비가 나오는 보험이 수두룩하다. 쉬운 예로 말기암 환자와 중증 뇌졸중 환자 두 명이 있다고 보면 암은 본인의 병과 몸에 대해 치료의 선택권이 있다. 한마디로 생을 정리할 기회가 있다는 것이다. 그러나 뇌졸중은 정리, 치료의 선택권, 경한 뇌졸중이라면 가능할 수도 있다. 그러나 중증 뇌졸중 환자에게는 본인이 선택할 수 있는 것은 없다. 불가능하다. 갑작스럽게 사망하게 된다면 가족들과의 정리 작별할 시간도 없다. 위의 말처럼 죽으면 되지, 죽을 수도 없다.

치료사로서가 아닌 긴 간병 생활을 한 나에게 뇌졸중은 툭 까놓고 중증 뇌졸중이 될 거라면 그냥 차라리 죽는 것이 나을 수도 있다. 뇌졸중은 그만큼 무섭고 가족들을 힘들게 하는 병이며 가족들의 삶까지 망가지게 하는 병이다.

다행이도 나는 작업치료사이다. 병원에서 근무하는 작업치료사는 신경계 환자들을 치료하게 되는데, 그중 뇌졸중 환자를 만나는 비율은 70% 정도이다. 그러니깐 작업치료사는 뇌졸중 환자들의 재활을 돕는 치료사로서 학부 때부터 많은 치료, 케어, 운동 방법에 대해 학습해온다. 뇌졸중 환자들에게 재활치료가 얼마나 중요한 것인지와 기간이 정해지지 않은 치료라는 것을 작업치료사인 나는 잘 안다. 그래서 나의 아빠도 딸이 작업치료사라서 그 중요하고 기약 없는 재활치료를 꾸준히 받으셨다. 아쉽지만, 꾸준한 재활치료도 급성기 때에만 지속적으로 받을 수 있다. 예외도 있지만, 이러한 재활치료는 뇌졸중의 완치를 위한 것이 아닌 지금보다 나은 삶과 기능 유지를 위한 것이다.

아빠의 삶은 가장 무서운 병 뇌졸중과 친구가 되면서 모든 것이 변하였다.

사람들에게 묻고 답한다.
가장 무서운 병이 무엇이라 생각하세요?

나보다 더 아프고 불쌍한 사람이 옆에 있더라도,
세상에서 가장 불쌍하고 억울한 병을 가진 사람은 나.

본인 또는 가족이 앓고 있는 병이 가장 무섭고 더러운 병

4. 마른하늘의 날벼락
청천벽력 같은 소리

마른하늘에 날벼락이 일어날 일이 얼마나 있을까? 인터넷 신문 기사 제목들에서 청천벽력은 자주 찾을 수 있는 단어이다.

靑푸를 청
天하늘 천
霹벼락 벽
靂벼락 력(역)

맑게 갠 하늘에서 갑자기 떨어지는 벼락이라는 뜻.

개인차가 있을 수 있지만, 이러한 청천벽력과 같은 사건은 누구에게나 일어날 수 있다.

나에게도 35년을 살면서 이러한 청천벽력과 같은 일은 많이 일어났지만, 그중에서도 아빠의 뇌졸중 소식이 그러했다. 우리는 매스컴이나 여러 매체를 통해 나보다 딱한 존재의 사람들을 보며, 안타까워하기도 하고 보탬이 되고자 전화기를 들어 도움의 손길을 보낸 적이 있을 것이다. 나와는 거리가 있는 제3의 인물이기에, 나는 안타까워할 줄 아는 공감 능력만으로도 내가 할 수 있는 일은 한 것으로 정의 내리며 살았다.

그러나, 안타깝고 도움의 손길이 필요한 일이, 즉 본인이나 가족과 친지들에게 일어났을 때는 공감 능력만으로는 부족하다. 자, 그럼 공감 능력이 아니라 무엇이 필요할까? 이 상황에서는 문제 해결 능력이 필요하다.

문제 해결 능력은
문제 해결을 위해 사실과 의견을 구분하고 유용한 의견과 타당한 의견을 제시하는 사고력과, 문제 발생 시 사실과 대안을 확인하고 원인을 분석하며 다양한 대안을 제시하여 처리하는 문제 처리 능력으로 나눌 수 있다.

친한 친구들과의 모임에서 한 친구는 남편과 제주도로 첫 여행을 가던 일을 회상하며 이야기를 풀었다. 보통, 결혼을 한 30대의 여자들 모임에서 나의 남자, 남의 남자 이야기는 빠질 수 없는 이야깃거리다. 그만큼 여자들도 이해하기 힘든 나의 남자를 공유하며 내 편에게 힘을 받는다.

그 이야기는 남편들의 화에 대해서였다. 한 친구가 남편과 아이와 함께 갑자기 주말여행을 제주도로 가게 되어 급하게 티켓을 끊고 새벽 김포공항으로 가는 중 주민등록증을 가져오지 않아 여행이 취소가 되었다고 했다. 그래서, 남편이 화를 내었니? 말았니? 궁금해하는 상황에서 제주도로 첫 여행을 간 친구가 연애 중 있었던 일을 말한 것이다(친구의 말이 끝나게 무섭게 나의 이야기를 하는 것은 여자들의 보통 모임의 패턴이다).

여행의 설렘, 비행기

남자친구와 첫 여행을 가기 위해 들뜬 마음으로 한껏 꾸며 공항에서 만났을 것이다. 그런데, 티켓팅을 하면서 친구는 주민등록증이 필요하다는 것을 그때 알게 되었단다. 티켓팅 데스크 옆에서 친구와 남자친구는 30분가량 실랑이를 벌이며 싸웠단다. 그때, 직원이 보다 못해 공항에 배치되어 있는 무인발급기에서 주민등록등본을 출력하여 공항 경찰에게 도장을 받아오면 가능하다는 것을 말해주어 다행히 제주도를 갈 수 있었다.

나는 그 이야기를 다 듣고, 공항 직원을 먼저 지적했다. 30분 동안 한 커플이 싸울 동안 방법이 있는데도 알려주지 않고 뭐했을까?

만약 내가 그 친구였다면, 그 30분 동안 무엇을 했을까 생각하니, 다음 티켓이 있다면, 주민등록증을 가지러 집에 갔다 왔을까? 아니면, 직원을 귀찮게 하며 비행기를 탈 수 있는 방법에 대해 알려달라 했을까? 아님, 우선 화가 난 남자친구를 달래기 위해 먼저 제주도로 보내고 나는 뒤에 따라갔을까? 문제 해결 능력은 별 다른 것이 아니다. 우리의 일상생활에서 언제든지 사용되는 능력이다. 나는 이러한 문제 해결 능력이 뛰어나다.

그해 겨울(아빠가 쓰러지신 날), 엄마의 전화를 받고 나는 현재 나의 상황에 대해서 모든 것을 생각했다. 나에게 의논할 수 있는 기댈 수 있는 누군가라도 있었다면, 그 사람에게 전화를 했을까? 나는 외동딸이었기에, 누구에게도 의논할 곳이 없었다. 내가 의지하고 의논할 곳은 한글도 모르는 딸만 의지하는 엄마였다.

가족들과 친지들이 갑자기 뇌졸중으로 쓰러지게 되었을 때 당장 할 수 있는 방법에 대해 몇 가지 내용을 기록하고자 한다.

첫째, 우선 의사와 간호사를 믿어야 한다.
나는 의학적인 지식이 없는 환자의 보호자이다. 의사와 간호사를 전적으로 믿고 따라야 한다. 의사와 환자의 신뢰감은 회복에도 큰 도움이 되며, 환자 보호자의 신뢰감은 더욱 크게 작용한다. 엄마는 아빠가 쓰러지자마자 나에게 전화를 했다. 나는 119에 전화를 했는지 물어보았다. 119가 아닌 나에게 먼저 전화를 한 엄마에게 사람이 쓰러졌으면 119에 전화부터 해야지 하며 화를 냈다. 의정부에 있는 딸이 밤 10시에 내려갈 수도 없는데 어째서 나에게 전화를 했는지 답답할 노릇이었다. 그 이후 엄마에게는 응급실에서 의사, 간호사 선생님이 시키는 대로 하며, 믿고 기다리라고 말했다. 우리가 할 수 있는 일은 그게 다였다.

　나는 바로 내려가지 못했다. 아빠가 중환자실에 있는 동안 가보지도 못했다. 그 주에 일을 정리하고 내려갈 예정이니, 내려가고 싶어도 꾹 참아야만 했다. 의정부와 부산이 가까운 거리도 아니고, 차편도 많지 않았으니 말이다.

　의사 선생님과의 상담에서 진단명을 들어도 사실 의학적 지식이 없는 보호자들은 가족의 상태를 정확히 알 수 없다. 필요하다면, 병원 관계 지인분들에게 정보를 얻는 방법이 제일이다. 요즘은 인터넷으로 많은 정보를 알 수 있지만, 근거 있는 정보가 아닐 수도 있으며 잘못된 정보로 인해 불이익이 있을 수도 있다. 근거가 확인되는 정보만 믿는 것이 우선이다.

　둘째, 중환자실에서 기다리는 환자를 생각하며 참는다.
　보통 수술을 하든 안 하든 의식이 없는 뇌졸중 환자들은 의식이 돌아오고 안정될 때까지 중환자실에 있게 된다. 중환자실 면회시간은 알다시피 정해져 있으니, 시간 맞춰 환자를 만나고 응원해야 한다. 아닌 사람들도 있지만, 내가 치료한 환자들 대부분 그러했으며, 아빠도 중환자실에서 사람들의 목소리와 엄마가 다녀갔던 것을 기억하고 있었다. 아빠는 어느 정도 안정이 되고 나서, 일반병실로 옮기게 되었다. 환자가 중환자실에 있을 때는 보호자는 필요하지 않다. 필요한 물품이 있으면, 간호사가 면회시간에 요구하게 된다. 친

절히 종이에 적어 병원 매점에 가서 구입하여 중환자실로 넣어달라고 한다. 돈만 있으면 되고, 카드도 가능하니 구입하여 중환자실에게 전달하면 된다.

보통 중환자실에서 요구하는 물품은 환자마다 달라지지만 여러 가지 의료용 도구, 물 없이 씻길 수 있는 거품 비누, 물티슈, 까는 기저귀, 겉 기저귀, 속 기저귀, 음식 섭취가 가능한 경우 피딩백 등이다.

셋째, 개인 건강보험 확인과 진단명

제일 중요한 부분이라 할 수 있는데, 돈보다 건강이라고 하지만, 이미 건강은 물 건너갔다. 그럼, 물 건너간 건강 다시 찾으려면 제일 필요한 것은 돈이다. 마음이라도 편히 치료를 받아야 하는데, 돈이 부족하면 마음이 편할 수가 없다. 병원비 내역서에 비급여 항목에서 불어난 병원비를 보면 숨이 막힐 것이다. 그 숨 막히는 것을 해결할 수 있는 것이 있으니, 그게 바로 개인 보험이다.

나의 아빠는 그 흔한 보험도 없었다. 아니 어떻게 그런 보험이 없을 수 있냐 말이다. 나도 갓 졸업한 사회 초년생이었기에, 그런 보험에 대해서는 지식이 없었다.

요즘은 실손보험, 건강보험, 수술보험 여러 종류의 보험을 설계하며 살아간다. 환자가 중환자실에 있는 동안, 환자의 진단명으로 보장받을 수 있는 보험에 대해 빠짐없이 확인하여야 한다.

넷째, 중환자실에서 일반병실로 옮기고 나면, 24시간 간호가 필요하다.

가족이 필요한 경우는 이제 중환자실에서 일반병실로 옮겨졌을 때이다. 이 말은, 즉 앞으로 24시간 동안 간병인이 필요하다는 말이다. 그 간병인은 가족 누구나가 될 수 있고, 사설업체의 간병사가 될 수도 있다. 급성기 과정에서 제일 중요한 역할을 하는 사람은 24시간을 간호하는 간병인이다. 가족들이 일을 빠질 수 없는 상황이고 그렇다면, 사설 간병인을 쓰게 된다. 24시간 간병을 하는 간병사의 비용은 차이가 있지만, 10년 전 보통 1일 8만 원이었다. 지금은 최저시급 인상으로 더 많이 올랐을 것이다. 환자의 상태에 따라 차이가 있지만, 전혀 환자의 도움이 없고 석션까지 해야 하는 중증환자는 간병비가 더 오른다. 간병인을 고용한다면, 한 달에 순수 간병비만 적게 나가면 250만 원 지출하게 된다. 그 외에 물티슈, 기저귀 등의 소모품도 생각하면 300만 원은 예상해야 한다. 그 당시 나의 작업치료사 세전 월급은 140만 원 정도였으니, 간병인을 고용한다는 것은 불가능했다.

나와 엄마는 간병인을 고용할 돈은 없었다. 외동딸인 나는 돈을 벌어야 했기에, 아빠를 간호해야 하는 사람은 엄마이다. 엄마는 일을 그만두시고, 그때부터 간병을 시작하셨다. 간병을 하면서 집으로 도망도 가시고 하셨지만, 묵묵히 잘 이겨내셨다.

중증환자의 간병이라는 것이, 그냥 얼굴을 닦고, 기저귀를 갈고 하는 것만이 아니다. 24시간 동안 환자 옆에서 이상 부분을 확인하여야 하며, 체위변경과 간호사들에게 소변 양과 대변 양을 적어 알려주어야 한다. 기저귀를 사용하면 기저귀 무게를 재어 확인도 해야 한다. 아빠는 좋아하셨던 담배 때문인지 그렇게 가래가 끊이지 않았다. 석션도 보호자가 직접 해야 한다. 간호사 선생님이 해주시지만, 가래가 많을 때마다 바쁜 업무 때문인지 바로 와서 해줄 수 없다. 기다리다 못해, 환자의 보호자가 하게 된다.

본인 스스로 움직이지 못하는 환자는 배변 및 배뇨 기능과 체위변경이 제일 중요한 활동이다. 움직이지도 못하는데 몸은 어느새 침대 아래로 내려와 무릎이 구부려져 있으며, 환자복은 있는 대로 배를 보이며 올라가 있다.

나는 일을 그만두고 내려간 주말에야 아빠를 볼 수 있었다. 늦게 와서 너무 미안한 나머지 눈물만 났다. 엄마에게는 쉬는 시간을 주고 주말에는 내가 아빠의 간병을 하기 시작했다.

그렇게 아빠의 기저귀를 처음 갈아보며, 아빠 옆에서 작은 인기척에도 깨어나 아빠를 살필 수 있는 소중한 시간을 가질 수 있었다. 다른 자식보다 좀 더 일찍 아빠를 보살피게 된 나는 청천벽력 같은 이 상황에서 기약 없는 간병 생활이 시작되었다.

호랑이에게 물려 가도 정신만 차리면 산다는데,

정신 차려보자.

진심을 다하다

1. 아프다고 말도 못 했는데
의료사고 앞에 힘 빠지는 환자와 보호자

급성담낭염으로 인해 장기 입원 중 딸의 결혼식까지 스펙터클 하게 지낸 아빠. 이제 퇴원할 날만 기다리고 있었다.

엄마의 짜증과 화가 섞인 목소리가 들려온다. 수액을 맞다 아빠의 왼쪽 팔이 퉁퉁 부었니 말았니. 아~ 수액을 맞다가 혈관이 터졌거나 새었나 보구나. 조금 있다 병원에 가겠다며, 통화로 엄마를 타일렀다.

병원에 도착해서 아빠의 왼쪽 아래팔을 보니, 수액으로 인해 붓기도 부었지만 군데군데 물집이 잡혀있었다. 어떻게 된 상황인지 물어보니 전날 저녁 9시경 간호사가 새로운 혈관으로 수액을 바꿔야 하는 날이기에, 한참을 혈관을 찾다가 왼쪽 아래팔에 주사를 놓았다고 한다. 엄마는 마비가 된 왼쪽 팔이기에 걱정이 되어, 왼쪽에 해도 되겠냐 물으니 어쩔 수 없다며 시간대별 주사가 잘 들어가고 있는지 확인하겠다는 간호사의 말에 안심을 하셨단다. 그렇게 10시쯤 주무셨다. 간밤에 아빠는 곤히 주무셨는지, 깨지 않으셨고 다소 일찍 시작하는 병원의 아침 시간, 엄마는 아빠의 팔을 확인하셨다.

간호사에게 급히 말한 후 수액을 바로 빼고 처치를 했고, 그 뒤 붓기는 가라앉았지만 수액의 누출로 인해 군데군데 큰 물집이 잡혀있었다. 심지어 아래팔 부분을 누르면 남은 수액이 피부 사이로 새어 나왔다. 나는 담당 간호사에게 어떻게 마비된 팔에 수액을 놓고 나서, 이렇게 수액이 샐 동안 아무도 모를 수 있냐고 물었다.

그러나, 담당 간호사에게서 죄송하다는 말 한마디 들을 수 없었고 확인을 했다는 말만 되풀이했다. 언제 확인했냐 물으니, 2시경 확인을 했을 때 이상 없었다고 한다. 한마디로 본인들은 확인을 했고, 이상 없었기에 잘못이 없다는 듯 대수롭지 않은 듯했다.

너무 화가 났지만, 이미 일이 이렇게 된 상황에 달리 방법이 있으랴. 그래, 그럴 수도 있지….

다음 날이다. 아빠의 아래팔에 군데군데 물집이 있던 곳은 물집이 터지면서 피부의 색이 검게 변하고 있었다. 피부과에 협진을 의뢰했다고 한다. 검게 변한 피부는 예상대로 수액 누출로 인해 썩어들어가고 있었던 것이다. 단순한 수액 누출로 부종으로 끝나는 것이 아닌 누출된 조직 부위에 감염이 되어 피부가 썩고 있단다. 달리 방법이 없이 지켜보고 있어야 한다.

그렇게, 퇴원을 앞두고 아빠는 그 피부 감염 때문에 입원 기간이 길어졌다. 욕창매트 등 욕창을 방지하기 위한 모든 용품과 엄마의 욕창을 막는 노하우가 있었지만, 등부터 시작하여 엉덩이 부분까지 욕창이 생기기 시작하였다.

정말 짜증이 나지 않을 수 없는 상황이다. 그런 상황에서 의료진의 대처 방법은 제대로 된 설명도 없이, 죄송하다는 말 한마디 하지 않았다. 너무 화가 나서 이대로는 안 되겠다 싶었는지 결국 엄마는 병원에서 큰소리를 쳤고, 그제야 무언가 행동을 취하는 듯했다.

피부과 협진을 통해 의뢰하였을 때 아빠의 아래팔 부분의 피부는 더 이상 지켜보기에는 의미가 없으며, 허벅지 살을 떼어 피부이식을 해야 한다고 한다. 자, 문제는 그래, 이식이야 하면 된다지만, 피부이식도 전신마취를 해서 수술을 진행해야 한단다.

아빠 같은 중환자는 전신마취 한 번이 엄청난 영향을 미친다. 전신마취 후 회복과정이 매우 더디고, 여러 가지 합병증이 올 수 있기에, 이러한 상황이 온 것 자체가 가족인 우리는 너무 화가 나고 억울하다. 아무것도 모르는 보호자는 그저 따라야 할 수밖에 없다.

억울한 마음과 화가 난 나는 이대로 있으면 안 되겠다는 심정에 무언가 해야겠다는 생각이 들었다.

아…. 바로 이런 게 의료사고이구나.

인터넷과 SNS가 활성화되어 있는 현시점에서 이런 사고가 발생했다면 나도 사고의 경위를 인터넷 사연으로 게시해 여러 사람들과 공유를 통해 호소하지 않았을까 싶다.

나는 수액 누출이 된 시점부터 의무기록 사본을 모두 요청했다. 그 이후 힘없는 보호자가 할 수 있는 일을 살펴보았다. 인터넷으로 이리저리 알아보니, 한국의료분쟁조정중재원이란 곳이 있었다. 의료분쟁조정중재원까지 생각하게 된 것은, 의료진들에 사고에 대한 그 어떠한 사과의 말도 없었던 것이 제일 우리는 서러웠고, 분했던 것이다. 그렇게 앞으로 내가 해야 할 일에 대해서 천천히 준비해왔다. 의무기록 사본도 정리해두고 중재원에 신청을 하기 위해 의료사고에 관한 기록을 문서에 정리해두었다.

아빠는 피부이식 수술을 하고, 욕창과 수술한 피부의 회복을 위해 싸우고 있었다. 어느 정도 안정을 찾고 있는 과정에서 병원에서는 이러한 수술 등 입원 기간이 길어짐에 발생하는 병원비용 일체에 대해서 아무 말도 하지 않았다. 나는 빠르게 경위서를 작성해 중재원에 의료사고 접수를 하였고, 병원에 답변서를 받을 수 있었다. 답변서에는 상황은 이해되나, 본인들의 잘못이 크지 않다는 식의 결론이었다.

그제야, 조정이 마무리되기 전 병원에서는 수액 누출과 관련해서 나오는 병원비는 부담을 하겠다고 한다. 그런데 문제는 이식한 피부가 이식이 잘되어야 하는데, 통 아래팔의 회복에는 진전이 없었다. 그리고 이식을 하기 위해 떼어낸 허벅지의 피부는 화상을 입은 것처럼 벌겋게 회복이 되지 않는다.

정상인이라면 금방 회복할 것이, 아빠라서 여러 문제가 생긴 것이다. 그렇게 지긋지긋한 의료사고는 결국 조정원의 조정을 통해서 우리는 100만 원의 합의금으로 종료를 했다. 아빠의 팔은 다행히도 회복이 더디지만 이식한 부분이 회복이 되었고, 허벅지의 떼어낸 피부는 1년 정도 치료 끝에 새살이 돋아났다.

우리는 이 사고의 합의를 하기 위해 서울까지 다녀왔다. 실제로 중재원에 가니 의료사고로 환자가 사망한 사건, 의식불명 사건 등 우리의 사건은 의료사고라고 할 수 없었다. 그분들의 합의금 역시 크지 않다는 것을 알 수 있었다. 우리는 사실 돈보다 의료진들의 진심 어린 사과를 받고 싶어 그렇게 발버둥을 친 것이다. 지렁이도 밟으면 꿈틀댄다고 꿈틀이라도 해야 쳐다봐 주지 않겠나 하는 마음에서다.

글로 적었을 때 금방 지나간 거 같은 조정 기간이지만, 이렇게 100만 원의 합의금을 받기까지 4달의 시간이 걸렸다. 행정과에서 연락이 왔을 때, 그제야 우리의 말을 귀담아주는 것 같아 기뻤다. 작은 사고라도 처음 사고가 났을 때 좀 더 보호자들의 힘든 마음을 알아주고, 잘못을 인정했다면 이렇게 긴 시간을 보내지도 않았을 텐데….

허무하기도 했지만, 무언가 해결이 되고 '고생 많으셨지요'라는 행정과 책임자의 말에 그동안 쌓였던 불신이 눈 녹듯 사라지는 게 신기하기만 했다.

그러나 의료분쟁조정중재원은 조정 신청을 한다고 조정이 다 되는 것은 아니다. 각하(병원 측 거부)될 수도 있다. 그러면 의료소송으로 가야 하는데 비용도 들게 되고 승소 확률은 1%라고 한다. 누군가가 조정을 신청한다면 경험자로서 큰 기대는 하지 않는 게 좋을 것이다라고 조언을 드리고 싶다.

간병이라는 긴 시간 의료사고는

보호자들을 또 병들게 하는 사고

2. 엄마의 금 동아줄
노인장기요양보험이 가져다준 시간

동아줄: 굵고 튼튼하게 꼰 줄

해와 달 이야기로 금 동아줄을 타고 하늘로 올라간 오누이는 해와 달이 되었고, 썩은 동아줄을 잡은 호랑이는 떨어졌다는 옛날이야기를 들어보았을 것이다.

간병 초기 환자를 병원에 버려두고 도망갔던 엄마의 긴 간병생활이 어느 정도 적응될 시점이었다. 24시간 아빠를 돌보아야 하는 엄마에게 개인 시간은 사치이다. 딸인 내가 주말에 잠시나마 시간을 내어야 그 사치도 어느 정도 허락되었지만, 이팔청춘 20대 딸은 주말에 이 핑계, 저 핑계 엄마에게 아빠를 맡겨두고, 놀러 가기 바쁘다.

그래도 딸이 작업치료사라서 그런지 제안을 했다. 퇴원 후 집에서 지내기 한 달 즈음, 엄마에게 방문요양을 신청하자고 한다. 방문요양은 노인장기요양보험 대상자들이 받을 수 있는 혜택이다. 이미 퇴원 시 노인장기요양보험을 신청하여 복지용구 물품을 대여 및 구매를 했기에, 방문요양 신청은 쉽게 할 수 있었다.

신청하자고 말이 떨어지기 무섭게 엄마는 흔쾌히 동의하셨다. 그런 게 있으면 진작하지…. 투덜투덜…. 그렇게 우리 집에도 낯선 이가 오게 되었다. 즉 요양보호사의 방문요양이 시작된 것이다.

방문요양을 설명하기 전에 알아두어야 할 부분이 있다. 바로 노인장기요양보험이라는 것이다. 장기요양보험은 근로자, 즉 월급을 받고 있는 우리나라 국민이라면, 모두 다 세금으로 내고 있는 보험이다. 잘 모르겠다면, 급여명세서를 살펴보면 쉽게 알 수 있다. 자세한 내용은 아래와 같다.

사회보험 방식을 기본으로 한 국고지원 부가 방식으로, 우리나라 장기요양보장제도는 사회보험 방식을 근간으로 일부는 공적부조 방식을 가미한 형태로 설계 및 운영되고 있다.

출처: 국민건강보험공단 홈페이지

노인장기요양보험은

노인만 누릴 수 있는 것이 아니라, 노인성 질환에 해당되는 환자들은 모두 신청하여 서비스를 받을 수 있다.

이 제도의 목적은 고령이나 노인성 질병 등의 사유로 일상생활을 혼자서 수행하기 어려운 노인 등에게 신체활동 또는 가사활동 지원 등의 장기요양급여를 제공하여 노후의 건강증진 및 생활안정을 도모하고 그 가족의 부담을 덜어줌으로써 국민의 삶의 질을 향상하도록 함을 목적으로 시행하는 사회보험제도이다.

그렇다. 이 제도는 딱 우리 가족에게 필요한 제도이다. 노인장기요양보험에는 크게 재가급여와 시설급여로 나뉘는데, 이렇게 퇴원 후 집에서 생활하는 환자에게는 재가급여가 제공된다. 우리는 재가급여 중 방문요양을 신청하여 받기로 했다.

방문요양은 요양보호사가 수급자의 가정 등을 방문하여 신체활동 및 가사활동을 지원하는 내용이다. 서비스 시간은 장기요양등급에 따라 달라지며, 아빠는 1등급이기에 최대 시간의 서비스를 받을 수 있었다.

다행히도, 아빠를 보살펴 줄 요양보호사는 집도 근처이고, 40대의 젊고 인품이 좋으신 여자 선생님이셨다. 요양보호사 선생님께서 처음 집을 방문하여 엄마와의 첫인사를 나눈 후, 엄마에게 그동안 힘들었겠다는 위로의 말과 함께 어떠한 부분을 도와 드릴까요?라고 물으셨다.

나는 엄마의 대답을 듣고, 미안한 마음과 함께 웃음이 났다.

아고….
그냥 마….
아무것도 안 해도 됩니다이….
내 그냥, 이모야 오면,
숨통 좀 티이게 좀 나갔다 올게.
내 시간 딱 지켜서 올 테니깐,
우리 영감 몸 삐뚤어지면 잠시 봐주고

티브이 틀어달란 거 틀어주고,
하면 된다이.
내가 기저귀 다 해노코,
밥도 가기 전에 다 먹이고 갈 테니깐,
그냥 이모는 와서 있다가
쉬다가 가면 됩니다이….

그렇게 엄마는 금 동아줄을 잡은 것마냥, 신난 얼굴로 요양보호사 선생님 손을 잡으며 말을 했다. 지금에서야 말하지만, 아빠를 보살펴 준 요양보호사 선생님은 정말 금 동아줄이셨다. 엄마가 시간을 맞춰 온다 하셨지만, 늦을 때도 많았고, 아빠의 외래진료나 약을 타러 가거나 글을 모르는 엄마에게는 실제로 많은 도움을 주셨다. 약 3년 정도 아빠를 보살펴 주셨으니, 마지막에는 언니 동생 하며, 친하게 지내셨던 것으로 기억한다.

우리 주변을 조금만 살펴보면 가정에서도 다른 이의 손길과 도움이 필요한 사람들이 많다. 이러한 도움을 몰라서 누리지 못하는 분들도 계시고, 선입견과 두려움으로 누리지 못하기도 한다.

긴 간병생활에 지친 가족들에게 조언을 하자면, 환자는 본인이 제일 힘들다. 특히, 자신을 위해 희생하는 가족들의 모습을 보며 견디는 심적부담이 더욱 크다.

환자는 가족보다 다른 이, 즉 간병인이나 남이 보살펴 주는 것을 더 좋아하고 편해할 수도 있다. 사실 작업치료사로 병원에서 일을 할 때 환자들에게 직접 들었던 말이기도 하다.

딸(아들)과, 가족이 간병해주고 같이 있어주니, 얼마나 좋으시겠어요.

라고 말을 하면, 좋다는 말도 있지만 한숨과 뒤섞인 알 수 없는 표정을 지으며, 힘들어하시는 모습을 많이 보았다. 그것은, 겪어보지 못하면 알 수 없는 마음일 것이다.
그래서 하는 말이다. 내가 자식인데, 남의 손에 어떻게 맡겨, 내가 보살펴야지라고 고집을 부리기보다는 주변을 챙기는 시간을 가지면서 좋은 사회제도를 이용해서 전반적인 보호자의 삶의 질을 높이는 것을 추천한다.

보호자가 행복해야 환자에게도 그 행복이 전해진다고 생각한다. 실제로 요양보호사 선생님이 집에 오시고 난 후, 엄마는 더 아빠의 간병에 긍정적인 힘을 받으며, 지극정성 케어를 하셨다.

금 동아줄을 타고 문밖을 나갔던 그 4시간의 개인 시간이 엄마의 간병생활에서 제일 큰 위로가 되었던 것이다.

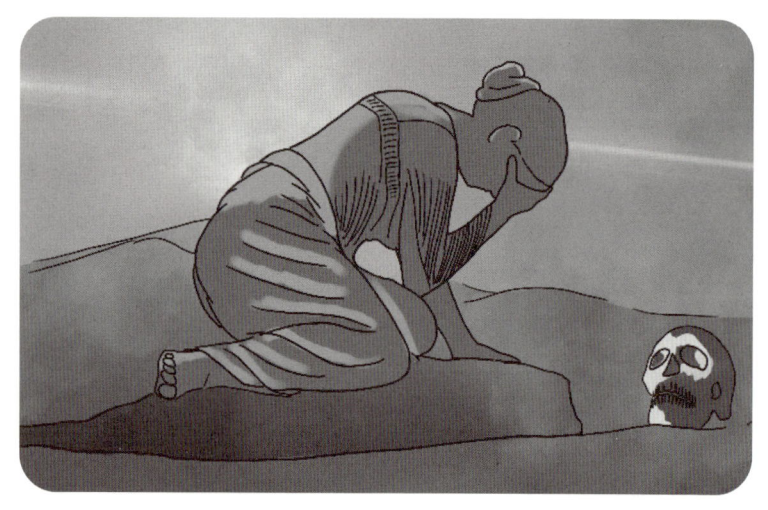

가족 간병

환자는 자신을 위해 희생하는
가족들의 모습을 보며 견디는 심적 부담감

그 부담을 견디며 참고 이겨내는 보호자

3. 갖고 싶은 것과 필요한 것
필요하지 않아도 원할 순 있어요

필요하지 않아도 원할 순 있어요. 쓸모없어도, 갖고 싶을 수도 있어요.

요즘 흔히들 말하는, 예쁜 쓰레기라는 말을 한 번쯤은 들어보았을 것이다. 예쁜 쓰레기. 일상 속에 실용성은 없을지라도, 감성을 충족시켜주는 이유로 사는 물건들이다.

우리 집에서는 실제로 정기적으로 예쁜 쓰레기를 구매하곤 한다. 천냥마트 등 팬시점은 아들과 딸이 좋아하는 곳이다. 그곳을 지나가곤 하면 아이들은 들렀다 가자를 외치는데, 그때마다 남편과 나는 예쁜 쓰레기를 고르러 함께한다. 그렇게 예쁜 쓰레기를 구매한 나의 아들과 딸은 만족한 얼굴로 하루 종일 예쁜 쓰레기를 가지고 논다. 물건에 따라 다르지만, 하루가 아닌 반나절이 될 수도 있고 몇 시간일 수도 몇 분일 수도 있다. 그러나 아들딸의 만족한 그 얼굴을 보면, 주머니를 털지 않을 수 없다.

한편으로 보면 아이들의 충동구매를 권장하는 것이 아닌가 싶은 마음도 있지만, 이 두 놈들이 용돈을 받고 관리를 하고 가성비를 따지며, 합리적인 소비를 할 수 있는 나이가 올 때는 알아서 안 하겠나 싶다. 훗날의 걱정은 다음에….

예쁜 쓰레기라는 말이 나온 것은, 아빠에게 예쁜 쓰레기에 해당하는 물건들을 사준 적이 있기 때문이다. 아빠는 뇌병변 1급 장애, 장기요양보험 1등급으로 와상상태로 6년을 지내오셨다.

와상상태란,
와상은 침상을 말하는데 말 그대로 침상에서만 생활하는 상태로 와상환자라고도 하며 침상환자라고도 한다.

그럼, 이런 침상환자들에게 필요한 여러 물품들이 있을 테지만, 필요하지 않은 물건도 실제 존재한다.

어버이날이다.

엄마.
이번 어버이날은 뭐할까?
필요한 거 있어?

엄마는 이전부터 갖고 싶었던 가방이 있었던지, 말이 끝나기가 무섭게 가방을 사자고 하셨다.

그렇게 어버이날 전 쇼핑을 하기로 약속을 하고, 생각하니 어버이날인데. 아빠 선물은?
그래, 아빠에게 물어보기로 했다.

아빠.
내일이 어버이날이야.
무슨 날인지는 알지?
엄마는 가방이 갖고 싶다는데, 아빠는 갖고 싶은 거 있어?

아빠는 삼킴장애가 심해 입으로 먹을 수도 없으니, 먹고 싶은 게 있을 수도 있지만 소용없다. 그렇다고, 본인의 의지로 몸을 움직일 수도 없다. 또한, 운동성 실어증이 심해 제대로 의사 표현과 말을 할 수도 없고, 그저 그나마 움직일 수 있는 왼손과 얼굴 표정으로 예. 아니. 싫다. 좋다. 맞다. 아니다. 정도의 의사 표현을 하곤 한다.

한마디로 신체능력은 마비되었지만, 아빠의 사고능력 인지능력은 그런대로 괜찮은 기능을 하고 있었다. 실제로 대선 때에는 선거도 직접 휠체어를 타고 갔으니 말이다.

그렇게, 엄마와 나는 아빠가 갖고 싶어 하는 물건이 있다는 것을 파악하고, 이것저것 물어보기 시작했다.
아빠 뭐가 필요해? 옷? 화장품? 신발?
이것저것 질문에 아빠는 신발에서 다른 반응을 보이셨다.

신발이구나.
신발….

아빠가 외부로 나가는 날은 그날따라 엄마의 기분이 좋아 휠체어를 타고 집 앞을 산책하던지, 외래진료를 보러 가는 날 말고는 밖에 나갈 일이 없다. 밖에 나가더라도 휠체어를 타고 다니기에, 좋은 신발이 필요 없다. 신발도 샌들류나, 무조건 신고 벗기 편한 신발류로 실내화 수준의 신발이었다.

그렇게 엄마와 나는 아빠가 새 신발이 필요하다는 것을 알고, 어버이날을 위해 쇼핑을 했다.
아빠는 같이 갈 수 없었기 때문에, 엄마가 원하는 가방을 먼저 산 후, 아빠의 신발을 보러 매장을 방문했다.

아빠의 신발을 고르는 조건은 일단 저렴하고, 신고 벗기 편한 게 제일 우선이다. 아프시기 전에 신었던 신발을 신으면 되지 않느냐는 분도 계시겠지만, 와상상태의 보행이 불가능한 발은 이미 오래전 신체 변형과 마비로 인해 사이즈가 딱 맞는 신발을 신고 벗기는 것은 굉장히 어렵다.

엄마와 내가 그렇게 고른 신발은 세 개였다.
1. 저렴한 가격에 조건 부합
2. 중저가의 아빠 취향

3. 고가의 고기능에 아빠 취향

이 중에 우리는 한 개를 골라 구매를 해야 했으나, 나는 통 고르지를 못했다. 엄마는 무조건 1번을 외치셨지만, 우리나라는 환불 제도라는 것이 있다.
매장 직원에게 3개를 다 포장해달라 하며, 그렇게 3개를 다 아빠에게 들고 갔다.

아빠는 3개의 신발 중 골라야 한다는 설명을 듣고, 신발을 고르셨다. 혹시 다 갖고 싶은 거냐고 물으니 그건 아니란다.

항상 TV만 보고 계셨던 흐린 눈빛은 신발을 고를 때만큼 그 총명한 눈빛을 나는 아직도 잊을 수가 없다.

결국 아빠는 나의 예상처럼 제일 좋아 보이는 3번의 신발을 고르셨고, 한동안 외출 시 좋은 컨디션을 유지하셨다. 우리도 외부에서 지인들을 만나면, 아빠의 신발을 가리키며 예쁘지요? 하곤, 함께 즐거운 시간을 보냈다.

그렇게 아빠는, 필요하진 않지만 원했던, 쓸모없지만 갖고 싶었던 신발을 선물 받았다.

이 날의 기억을 추억하면, 원하고 갖고 싶었던 물건 자체가 필요하고 쓸모 있는 가치를 부여하고 있을지는 모른다는 생각을 하게 한다.

간단한 영어단어로 표현하자면 want + like = need라고 표현할 수 있지 않을까?

아빠의 물건은 이제 몇 개 남지 않았다. 엄마의 집에는 아직 버리지 못한 몇몇 개의 물건들 중 아빠의 예쁜 쓰레기들이 아직 존재한다. 존재만으로 행복해질 수 있었던 아빠의 물건들.

그러니, 우리도 예쁜 쓰레기 샀다고 뭐라 하지 맙시다.

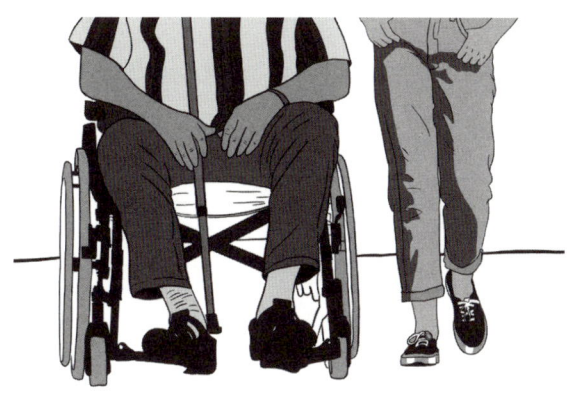

소유만으로도 아빠가 행복해질 수 있었던 신발은

이미 쓸모 있는 가치를 가진다

4. 살기 위해 관리하는 피부
침상 환자의 에스테틱

살기 위해 관리하는 피부?
피부 관리를 하지 않으면 죽기라도 한단 말인 건가?

그렇다. 죽을 수도 있기에, 그만큼 애지중지 보살펴야 하는 부분이다. 삶과 죽음이란 단어가 나오니, 살벌한 느낌이 들기도 하지만 실로 이번 주제는 살벌한 주제다.

욕창은, 침상 환자들에게는 악마 같은 존재이다.

욕창에 대한 지식은 네이버의 지식백과 등 검색창에 욕창이라고 치면, 많은 정보들을 볼 수 있다. 그렇기 때문에, 이 글에서 크게 욕창의 세부 내용까지는 언급하지 않을 것이다.

욕창이란?
한 자세로 앉아있거나, 누워있을 때 신체 부위에 지속적인 압력이 가해지고, 그 부위에 순환 장애(혈액 순환 장애) 등으로 피하조직의 손상 및 궤양이 유발된 상태.

그러니깐, 더 쉽게 말해 계속 같은 자세를 하고 있으면, 압력이 가해진 부분의 피부가 썩는다는 것이다. 구글 이미지 등 욕창을 검색하면 적나라하게 썩은 피부의 이미지들을 볼 수 있다.

재활에서 침상 환자들의 재활 목적은, 현 상태를 최적의 상태로 유지하는 것이다. 기능 증진까지는 바라지 않더라도 누워있는 환자에게 더 이상의 기능 저하를 막으려는 것이다.

그러나, 이 악마 같은 욕창은 한번 생겼다 하면 걷잡을 수 없을뿐더러, 환자의 삶의 질을 최악으로 바닥까지 떨어트리게 된다.

에스테틱이라 하면 피부 미용 전문가가 마사지나 마스크 팩 등 얼굴을 중심으로 아름다운 피부를 유지하기 위해 피부과 및 마사지실에서 관리를 받는 곳이다.

우리 집에는 바로 아빠의 에스테틱 피부 미용 전문가가 있었다. 병원비 대기도 힘들어 빠르게 퇴원도 했는데, 피부 미용 전문가라고?
우리 집 피부 미용 전문가는 이옥희 여사님이시다.
침상 환자들에게 세안 및 목욕은 일상생활 활동 중 제일 어려운 부분이며, 많은 에너지를 쏟게 하는 활동이다. 그렇다고 씻기지 않을 수 없기에 세안의 경우는 매일 수행해야 하는 활동 중에도 하나이다.

여자의 경우 긴 헤어를 가진 분이면, 침상 환자가 되었을 때 그 긴 헤어부터 정리한다. 남자의 경우에는 매일 정리하지만 엄청난 빠른 속도로 자라는 털이 있으니 수염이다.

아니 맨날 누워만 있고, 제대로 먹는 것도 없이 하는 것도 없는데 이놈의 수염은 왜 이리도 빨리 자라는지 신기하다. 또한, 얼굴의 기름은 왜 이리도 많으며, 또 이놈의 각질들은 왜 이리도 많은지 못 봐 줄 지경이다. 깨끗이 씻고, 오일을 바르고 해도 생기는 각질, 안 그래도 많은 기름과 오일로 인해 더 생기는 기름들….

환자마다 개인 차이는 있다. 피부 타입에 따라 얼굴에 기름이 없는 환자들도 있다. 아빠는 기름이 많아 관리를 소홀히 하면, 금세 지루성 피부염처럼 코 옆과 입 주변으로 피부염증 등이 생겨났다.

그래서 우리 집 피부 미용 전문가인 엄마는 아빠의 머리를 말 그대로 빡빡 밀었다. 그냥 면도기로 아빠의 머리카락 1mm도 용납지 않았다. 수염도 봐줄 순 없지. 그렇게 3일에 1번 목욕을 할 때마다, 빡빡 밀린 아빠의 머린 반짝반짝 빛이 났다.

삼 일에 한 번, 여름에는 이틀에 한 번 아빠의 피부 미용 전문가는 얼굴만이 아닌 몸까지 관리한다. 앞에서도 언급했듯이, 환자분들은 얼굴이며, 몸에는 각질이 많이 생긴다. 건조해서 그럴 테지만, 엄마는 로션으로는 성이 차지 않는지, 목욕 시 매번 이태리타월로 아빠의 온몸을 구석구석 문질렀다.

　영감. 시원체?
　아고 마 속이 시원타.
　가만 좀 있어봐라. 여기 하고. 끝낼게.

　할배~ 영감~ 재봉아~ 엄마의 기분 따라 달리 불렸던, 아빠의 애칭들이다.

　불편한 몸으로 목욕의자에 기댄 채, 목욕을 하니 많이 불편하셨을 거다. 엄마는 본인이 시원한 것처럼 아빠의 몸을 그렇게 정성스레 관리했다.

　목욕을 하고 나서 축축한 피부 상태에 옷을 바로 입히게 되면 그 또한 욕창의 위험요인이다. 엄마는 아빠를 항상 휠체어에 태워 온몸을 자연바람으로 말린 후, 로션을 바르고 마무리를 했다. 이 모든 엄마의 관리는 아빠의 욕창을 예방할 수 있었던 행동이다.

　욕창의 예방법으로 기본 2시간 체위변경 및 욕창예방 매트리스 및 방석 등 다양한 예방법이 있는데, 우리도 물론 이 모든 용품들을 사용하였다.

　제일 좋은 활동 즉, 제일 좋은 예방법은 목욕이다.

혈액순환 장애로 인해 생기는 욕창이니, 혈액순환이 잘되게끔 해주는 게 우선인데, 나의 경험상 침상 환자의 혈액순환은 목욕만 한 것이 없다.

이처럼, 확신하는 이유는 아빠는 집에서 지낼 때, 그러니깐 일주일 2-3번 목욕을 할 때는 욕창이 생긴 적이 한 번도 없다. 실제로 다른 보호자 분들이나 병원 관계자 등 많은 분들이 아빠의 피부를 보면서 어떻게 이렇게 곱게 관리가 되냐고 물으시기도 했으니 말이다.

그렇지만, 이 악마 같은 욕창은 아빠에게도 자주 찾아왔다. 욕창이 생긴 적이 없다고 금방 말했지만, 집에서는 생긴 적이 없다는 것이다.

집과 병원이 아니면 갈 데가 없는 사람이니, 아빠는 병원만 가면 욕창으로 고생을 했다. 그러니깐 다른 병으로 입원을 해서 그 병이 나을 때쯤 되면 욕창이 생기기 시작하는 것이다.

그리고, 더 아이러니한 것은 아빠는 한번 아프기 시작하면 중환자실에 자주 들어가셨는데, 특히, 중환자실에서 그렇게 극진한 간호를 받으면서도 일주일도 채 되지 않았을 때, 욕창이 등에서부터 엉덩이까지 생기는 것이다.

그러면 엄마와 나는 거의 국가 프로젝트 급으로 욕창관리를 하기 시작한다. 이 사례를 봐도, 욕창에 제일 좋은 예방은 목욕이다. 이전에, 보호자의 삶이 중요하며, 보호자가 행복해야 하고 환자도 가족보다 간병인이 돌봐주는 것을 원한다라는 말을 한 적이 있다. 기약 없는 긴 간병을 하다 보면 어쩔 수 없이 요양병원 등 기관 손에 맡기는 경우가 생길 수 있다.

그래, 기관에서 더 좋은 관리를 받을 수도 있지만, 보통 목욕의 경우에는 나는 보호자가 직접 하기를 권한다.

아직까지 시설에서의 요양 스킬이 좋다고 할지라도, 인력부족이나 시간 부족 등의 이유로 목욕까지 완벽히 수행하는 병원이나 기관은 드물다.

특히, 목욕은 나체의 몸을 맡겨야 하는 과정이라 환자들의 수치감이나 느끼는 감정들을 무시할 수 없다.

실제 좋은 요양보호사 분들이 존재할 수도 있지만 제대로 된 목욕과 욕창을 예방하려면 이 부분은 매의 눈으로 보호자가 관찰하거나, 목욕은 보호자가 일주일에 한 번이라도 직접 시행하는 것이 맞다.

또한, 몸의 겨드랑이 등 접히는 부위가 습하다고 베이비파우더 등을 바를 때도 있는데, 이것은 절대 하지 않아야 한다. 침상 환자들에게는 이 베이비파우더의 작은 입자가 욕창을 유발할 수도 있기 때문이다. 작은 상처로 인해 욕창은 쉽게 생길 수도 있고, 외부 피부에서는 표가 안 나지만, 피부 안쪽에서부터 썩어들어가는 욕창도 있다.

끌림으로 인해 생기는 마찰로도 욕창은 발생할 수 있다.

그렇기 때문에, 내 가족을 여러 가지 이유로 기관에 맡겼다 하더라도, 목욕은 직접 가족이 시키는 것을 권장한다. 요양병원에는 샤워실도 구비되어 있고 침상에 누워서 할 수도 있기에, 집에서 목욕을 하는 것보다는 훨씬 쉬운 환경이다.

이처럼, 목욕 활동은 욕창예방에 실제 중요한 활동이며 그 무엇보다 더 의미 있는 활동이다.

어릴 적 아빠가 나에게 했었던 것처럼, 나도 아빠의 청결한 몸을 위해 구석구석 정성스레 닦아주었다.

면도기로 빡빡 밀어버린 아빠의 머린 반짝반짝 빛이 났다.

5. 센스 있는 or 감각적인 사람
나를 느끼게 하는 감각

"너 참 감각 있다."
"그래, 걔 엄청 감각적이더라."
"센스 있네."
"예민하구나."

감각: sense, sensation

우리가 흔히 말하는 감각은 여러 개의 의미로 해석되며, 자주 사용된다. 보통 패션감각이나, 주변 상황을 캐치하는 능력이 뛰어난 사람들에게 센스 있다는 말을 하게 된다. 이런 센스는 누구에게나 있지만, 그 센스가 없거나, 많거나 등 사람의 성향과 노력에 따라 좌지우지된다.

아쉽게도, 여기서 말하고 싶은 감각은 그런 감각이 아니다. 신체가 건강한 누구에게나 존재하고 몸을 움직이고 성공적으로 일상생활을 할 수 있게 하는 큰 기능이 있으니 그것이 바로 감각이다.

우리가 흔히 알고 있는 감각이라 하면, 오감을 들 수 있는데, 오감은 시각, 청각, 후각, 미각, 촉각으로 다섯 가지의 감각을 말한다. 여기에 한 개를 더 붙여서 육감이라는 것도 있으며, 과학으로 증명할 수 없는 감각이 육감이라고도 한다.

이러한 감각은 전문용어로 확인하면, 감각은 sensory센소리라 한다.

이 sensory 중 나는 고유수용성 감각에 대해서 말해보고자 한다. 이 고유수용성 감각 proprioception은 침상환자에게서는 너무나도 중요한 감각이라 할 수 있는데, 이 감각의 존재 여부가 본인, 나, 자신의 존재 여부로까지 판단될 수도 있기 때문이다.

나를 느끼게 하는 고유수용성 감각. 느낀다는 것은 알게 하는 것도 모두 뇌에서 일어나는 일이라고 말할 수 있다. 물론 모든 감각의 종착지는 뇌로 가게 된다. 받아들여진 그 정보가 해석하는 것은 결국 뇌이니깐 말이다.

이런, 감각은 우리의 24시간 삶에서 끊임없이 들어오고 그 자극에 반응하고 그렇게 우리는 살아가게 된다. 그러나, 이런 감각들이 갑자기 사용할 수 없게 된다고 가정하자. 실제 시각장애인들은 시각을 잃게 되어, 다른 감각으로 시각을 대체하며 살아가게 된다. 이 부분에서 중요하게 생각해야 하는 부분은 시각을 잃었다는 것이다. 그러나 잃지 않았지만, 사용하지 못하고 사용할 수 없다고 가정하자.

하루, 이틀…, 일주일 차단을 했다는 가정하에 이 차단되었던 감각을 해제하고 다시 자극을 받게 된다면, 어떠한 현상이 일어날까?

차단되었던 자극은 일시적으로 갑자기 강하게 자극될 것이고, 그 자극의 중간, 즉 항상성을 찾기 위해 몸은 노력하게 될 것이다.
그럼, 나의 아빠가 견뎌야 했었던 침상환자들의 감각은 어떠할까?

시각, 청각, 후각은 인체에서 기능에 제한만 없다면, 주변 환경에서 계속적으로 자극이 오기 때문에 시각, 청각, 후각의 세 감각은 잘 유지되는 편이다. 하지만, 문제가 되는 감각이 있으니, 그것은 촉각과 고유수용성 감각이다.

고유수용성 감각이란?
자신의 신체 위치, 자세, 평형 및 움직임(운동의 정도, 운동의 방향)에 대한 정보를 파악하여 중추신경계로 전달하는 감각이다.

눈을 감고 음료수를 직접 들어 마신다고 했을 때, 우리는 시각적인 정보에 의하지 않고도 어느 정도의 힘으로 음료수를 집어야 하며, 어떤 속도로 입에 가져가야 음료수가 쏟아지지 않는지 알 수 있다. 또한 눈으로 입이 어디에 있는지 확인하지 않더라도 정확하게 음료수를 입으로 가져갈 수 있다.

더 자세히 예를 들면,

우리가 종이컵을 잡을 때와 유리컵을 잡을 때 손의 잡는 힘은 다를 것이다. 유리컵을 잡는 압력으로 종이컵을 잡게 된다면, 종이컵은 쉽게 구겨질 것이다.

이처럼, 고유수용성 감각은 몸의 각 부분이 어디에 있으며, 어떻게 움직이는지를 뇌에 전달한다. 따라서 고유수용성 감각에 장애가 온다면, 눈으로 볼 수 없는 상황에서 무엇인가를 실행하는 데 매우 어려움을 보이거나 두려워할 수 있는 것이다.

예로, 고유수용성 감각 장애가 있는 사람들은 계단을 오르거나 내려가거나 보행을 하는 경우 등 지속적으로 자주 발을 확인하며 걷게 되고, 계단을 오르내리게 된다. 자신의 신체 위치가 어디에 있는지 그 정보가 뇌에 도달하지 않기 때문에 혹여, 넘어지는 것이 두려워 자꾸 살피게 되는 것이다.

우리가 잠을 자고 깨어났을 때, 아직 눈을 뜨지는 않았지만 나의 발 밑에 베개와 나의 옆구리에는 반려견이 있다. 분명 엎드려 잤는데 지금은 옆으로 누운 자세라는 것을 눈을 뜨지 않아도 다 알 수 있다. 이러한 일이 가능한 것이 바로 고유수용성 감각으로 인해 가능하다.

때때로 고유수용성 감각은 운동감각(kinesthesia)과 동일한 의미로 사용되기도 하지만, 운동감각은 고유수용성 감각의 특수한 경우로 한정하기도 한다. 예를 들어, 고유수용성 감각은 주로 우리 몸의 압박감, 움직임, 떨림, 위치 감, 근육 통증, 평형감 등에 대한 모든 감각정보를 의미하고, 운동감각은 팔과 다리의 운동 범위와 방향에 대한 처리 능력으로 한정하는 경우도 있다. 어떤 자극에 반응을 하기 위해서는 자극을 받아들이는 기관이 필요한데, 신체 밖에서 발생한 자극을 받아들여 처리하는 신경조직을 외부 수용기(exteroceptor)라 하고, 몸속에서 발생한 자극을 처리하는 신경조직을 내부 수용기(interoceptor)라 한다.

고유 수용성 감각은

근육, 관절, 힘줄에서 발생하는 감각이기 때문에 내부 수용기에 의존한다. 따라서 고유 수용성 감각은 근육의 수축과 신장, 혹은 관절이 구부러지거나 펴지는 등의 신체 내부의 자극에 의하여 신체의 움직임이나 운동 방향을 알 수 있도록 한다.

이러한 고유수용성 감각이 침상환자들에게 도대체 어떠한 영향을 준다는 것인가?

지속적인 고유수용성 감각은 바디 스키마(body schema)에 큰 영향을 준다. 이 body schema는 신체 도식이라고 하며, 자신의 신체가 어디에 존재하고, 어떻게 움직일 수 있는지 아는 것을 말한다. 이 신체 도식의 장애가 있는 사람에게 사람을 그리게 하면, 팔다리가 따로 있다던지, 다리가 팔에 팔이 다리에 얼굴이 발밑에 있는 기이한 그림을 그리게 된다. 또는, 종이인형을 퍼즐처럼 맞추게 한다면, 맞추지 못한다.

이와 관련된 실험이 있었는데, 15일 동안 침상에서 오로지 바로 누운 자세로 가만히 있게 한 후, 환자에게 자신의 몸을 그리라고 했더니, 길게 늘어뜨린 타원을 그렸다는 내용이다.

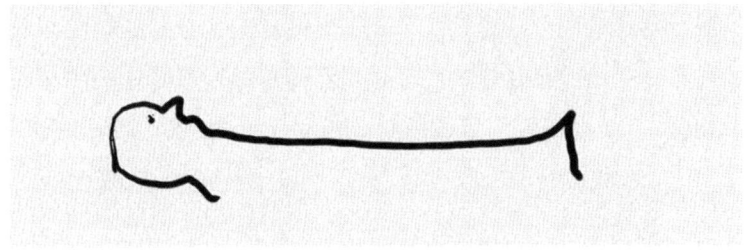

그림에서 보듯이, 나 자신을 온전히 느끼지 못하고 있다.

실제 침상환자들은 누군가의 손길이 없이는 침대에서 움직이지 못한다. 그렇다고, 그 누군가가 24시간 내내 본인의 몸처럼 만져주고 움직여 줄 수도 없다.

이처럼, 침상환자들에게 아무런 자극도 없이 신체를 움직일 수 있는 기회를 주지 않으면, 한마디로 고유수용성 감각을 자극하지 않으면 환자의 신체 도식에 문제가 생기게 된다.

침상환자들에게 있어, 고유수용성 감각과 신체 도식에 문제가 생기게 되면 어떠한 현상이 일어날까?

 침상환자들이라고 해서 24시간 내내 누워있을 수도 있지만, 휠체어 이동 등 다른 위치로 이동할 수 있는 일이 생긴다. 환자의 기능에 따라 다르지만, 2명의 보조인이 옮겨야 할 수도 있고, 한 명의 보조인의 도움 정도에 따라 요구되는 이동기술이 달라진다.

 한 명의 보조인의 최소한의 도움으로 이동이 가능할 수도 있는 환자가 이처럼 고유수용성 감각의 기회를 박탈당하여 제 기능을 잊게 된다면, 신체 도식에도 문제가 생겨 내 몸을 어떻게 움직여야 하는지 몰라 결국 두 명의 보조인에 의해 이동을 해야 하는 상황이 온다는 것이다.

 침상환자들의 고유수용성 감각을 느끼게 해주기 위해서는 내부수용기가 자극받을 수 있도록 몸을 움직여야 한다. 자발적 또는 타의적으로든 지속적인 자극을 주어야 하는데, 이 자극에 가장 좋은 것은 우선 중력에 대항하여 환자를 세우는 것이다. 세워서 몸의 위치가 변화하는 것을 중력에 의해 느끼게 해주어야 한다.

 두 번째가 관절 가동범위 운동(Range of motion, ROM)이라고도 하며, 관절을 움직이는 범위까지 수동적 또는 능동적으로 운동을 해주어야 한다.

관절 가동범위 운동

ROM 운동이 관절 및 근육의 구축을 예방하는 것과 함께 환자의 고유수용성 감각과 신체 도식을 증진시킬 수 있다는 것을 기억해야 한다. 자발적으로 움직일 수 없다고, 내 몸을 느끼지도 못해야 하는가?

진정 환자를 위한다면, 특별히 정해진 운동시간 외에도 환자를 돌보는 보호자 및 간병인들은 침상 환자들의 신체를 유심히 살피며, 지속적으로 고유수용성 감각과 신체 도식을 자극시킬 수 있는 활동을 해야 할 것이다.

예를 들어, 기저귀를 가는 시간에도 환자의 무릎과 발목, 엉덩이 관절 등을 관절이 움직이는 방향과 범위 안에서 부드럽게 움직여 주는 것이다. 이럴 시간도 없다면, 피부 접촉이나 가벼운 두드림으로도 자극될 수 있다. 어떠한 접촉도 좋으니, 침상환자를 그냥 침상에서만 지내도록 내버려 두지 말자.

내버려두지 말고 지속적으로 귀찮게 해야 할 것이다. 그것이, 진정 환자를 보호하고 있는 보호자로서 환자를 위하는 길이라고 생각한다.

나를 느끼게 하는 고유수용성 감각은 삶
마지막까지 지켜져야 하는 중요한 감각

6. 엄살과 통증 사이
통증의 개인 차

통증은 환자가 스스로 말하지 않으면, 파악하기 어렵고 의사, 환자 관계 및 상황에 따라 통증에 대한 평가는 매우 주관적일 수 있다. 때론 통증의 객관성을 높이기 위해 만들어진 여러 가지 설문지들이 통증의 정도를 대변해서 말해주곤 한다.

우리는 살아가면서 여러 가지 사건들에 의해 신체에 손상이 생기면 통증을 느낀다. 흔히 가벼운 상처에서부터 깊은 상처까지 내가 직접 겪어보지 못하면 알 수 없는 것이 통증이다.

손가락이 칼이나 종이에 베이는 상처나 넘어져서 무릎의 살이 까지는 상처에서부터 골절로 인한 통증, 수술로 인한 통증까지 대표적인 생활 속 통증인 두통, 요통 등 다양한 통증을 겪고 치유하면서 살아간다.

다양한 통증

그 통증의 자극이 컸다면, 통증의 기억은 꽤 오래 남을 수 있다. 나에게는 생활 속 통증이라 불리는 두통과 디스크로 인해 생긴 요통은 거의 친구 같은 존재이다. 이 두 가지의 통증이 올 때에는 나름의 환경조정 등 진통제를 먹으며 함께 살아간다. 이런 통증 말고도 나에게는 잊기 힘든 통증의 경험이 있었는데, 바로 수술 후 상처에서 느꼈던 통증이다. 살면서 입원 한번 제대로 해본 적 없던 나는 첫째와 둘째를 제왕절개로 귀한 아들, 딸을 얻었다.

통증의 순위라고 하기에는 그렇지만, 순위를 말하자면 아래와 같다.

1위: 불에 타는 통증
2위: 손가락 혹은 발가락 절단
3위: 첫 출산
4위: 통증에 대비된 출산
5위: 준비 안 된 두 번째 출산
6위: 만성 요통(생리통 포함)
7위: 암에 의한 통증
8위: 환상통
9위: 대상포진에 의한 만성 신경통
10위: 타박상
11위: 치통
12위: 골절상
13위: 관절염

14위: 베임

15위: 일상생활의 작은 상처

16위: 염좌(삠)

나는 여기서 3, 4, 5, 6, 10, 11, 14, 15, 16위는 했으니 그래도 통증을 말할 수 있지 않을까 싶다. 첫째 출산의 경험은 24시간이 넘도록 산통을 느끼고도 나올 기미가 보이지 않았다. 산모인 나는 열이 오르고 배 속의 태아의 맥박이 약해진다는 의사의 판단하에 급하게 전신마취 후 정신없이 수술을 받게 되었다. 마취가 깨던 그 순간, 너무 춥고 배에서 느껴졌던 그 통증은 딱 잠을 자다가 갑작스럽게 차가운 칼이 배를 헤는 그런 느낌이었다.

아~ 흔히 영화에서나 보던 칼에 찔리면 이런 느낌인 것일까?

곁에 있는 남편에게 나는 너무 추워. 배가 너무 아파라는 말만 무한 반복하며 다른 말은 할 수가 없었다. 이미 나의 몸은 소양증 등 신체에서 임신으로 인해 겪을 수 있는 모든 증상들은 거의 다 했다고 보면 된다. 출산하면 끝이겠느니, 했지만 이건 뭐 더 하다. 어찌 이리 아플 수 있단 말인가.

정말 짜증이 났다.

짜증 다음…. 눈물이 났다.

그 눈물은 그저 통증 때문에 흘린 눈물만은 분명 아니었다. 나는 나를 배 아파 낳은 엄마가 아닌, 아빠가 제일 먼저 생각이 났으며 미안한 마음과 함께 제왕절개의 통증을 느꼈다. 아빠는 잦은 시술과 큰 수술을 여러 번 하셨다. 속목동맥 스텐트, 심장 우회로 수술, 급성담낭염 수술과 식사를 입으로 하시지 못해 경피적내시경위조루술이라는 PEG 시술까지 받으셨다. 이 시술은 입으로 식사를 하시지 못하기 때문에 영양공급을 위해 내시경을 이용해 복벽과 위에 직접적으로 구멍을 내는 시술이다. 보통 한 번이면 되는 간단한 시술도 아빠는 여러 가지 합병증 등의 이유로 여러 번 시행했다.

엄살

엄살이라 하면, 아픔이나 괴로움 따위를 거짓으로 꾸미거나 실제보다 보태어서 나타내는 태도나 말을 말한다.

나는 어렸을 때부터 엄살이 심한 아이였다. 정확히 말하자면 다른 사람들이 보기에 엄살이 심해 보일 수 있었을 것이다. 그러나 내가 느끼는 그 아픔은 실제 컸기에 엄살이 아닐 수는 있다. 겁도 많은 아이였기에, 심적으로 더해서 나는 통증에 대한 역치가 낮은 아이였을 것이다. 지금은 출산 등의 통증을 겪은 후라 통증에 역치는 꽤나 높아졌을 것이다(실제 지인 중 피부과 의사가 있는데, 여러 가지 시술 중 통증이 심한 시술은 산통을 겪은 엄마들이 잘 참고 아가씨들은 매우 힘들어한다는 말을 들었다).

뇌졸중 후의 아빠는 잦은 시술과 수술 후에는 늘 24시간 간호가 필요하고 그때마다 나는 아빠를 보살폈다. 침상 환자의 간병 중에는 욕창 예방 등 체위변경이 굉장히 중요하다. 나는 여느 때와 다름없이 아빠의 욕창 예방을 위해 아빠의 흉복부를 15센티나 개방한 수술 후에도 아빠를 이리 돌리고 저리 돌리고…. 나름 조심한다고 했지만 체위변경에서는 정말 아빠의 사지를 막 들어 올리고 돌렸다.

그때마다, 아빠는 아프다며 말씀을 할 수 없으니, 그저 움직일 수 있는 한 손으로 통증을 호소하셨다.

엄살 좀 그만 부려 아빠!
아빠를 간호한다는 나는 무엇을 한 것일까? 그때는 그런 수술 후 통증이 그렇게 아프다는 것을 몰랐었다. 실제로 겪어보지 못했으니 알 리가 있을까? 그저 의사가 말하는, 아마 많이 아프실 거예요, 진통제 추가로 주사할게요, 말만 듣고 밤새 시름시름 앓는 소리에 마음만 졸였는데, 그거와는 다르게 나의 행동은 진짜 쓸모없기 짝이 없었다.

제왕절개로 나도 15cm를 두 번이나 같은 자리를 개방했다. 제왕절개 출산 후기가 아닌 통증에 대해서만 말을 하자면 수술 후에는 사실 발가락 하나 까딱하기가 두렵다.

사람은 움직이기 전에는 core muscle이라는 중심부 근육, 즉 복근을 모두 사용하기 마련이다.

다리를 하나 들어 올리려고 해도 복근이 먼저 작동을 하게 되고 복근이 도와줘야 수월하게 움직일 수 있다. 다리뿐만 아니라 손을 뻗어 물건을 잡으려고 할 때도 복근이 먼저 작동한다. 특히 상체를 세울 때나 누울 때도 복근이 쓰이며 신체를 조절하고 움직이기 위해서는 그만큼 복근이 중요하다.

보통 담낭염은 복강경으로 수술할 수 있지만 심장과 관련된 병력이 있었던 아빠에게는 해당사항이 되지 않았다. 의사의 말로는 가로로 절제하여 수술하기에 회복이 더 늦고 신경절단이 많아 통증이 더 심할 거라고 하셨다.

그런 환자를 체위변경이라는 이유로 맘대로 다리를 올리고 몸을 돌리고 했으니, 얼마나 아팠을까…. 내가 직접 수술을 하고 나서 몸을 움직여 보니 그때 아빠가 나에게 호소했던 통증은 엄살이 아닌, 수술보다 더 힘든 통증이었다. 그렇게 처음 겪는 제왕절개 수술 후 아빠가 느꼈던 비슷한 통증을 느끼며 나는 수술 후의 통증과 미안한 마음과 함께 한참을 울었다.

나는 이날 이후, 엄살이라는 단어를 자제한다. 실제 주관적인 통증은 심리적인 요소와 함께 나타나 더 아플 수도 있다. 우리가 가볍게 종이 등에 베이는 경우 아프지 않다가도 상처와 피를 보게 되면 그 때부터 통증이 동반되는 경우 등을 보면 쉽게 이해가 될 것이다.

No Pain No Gain

이라는 말이 있지만 통증은 되도록이면, 느끼지 않고 살아가고 싶다. 하지만 나는 이런 통증이란 대가로 얻은 것이 있으니, 타인의 통증과 아픔을 가볍게 보지 않는 마음을 가지게 되었다.

힘들겠다. 힘들었겠다. 우리가 흔히 하는 위로의 말도 나는 요즘 조심스럽게 한다. 내가 겪어본 비슷한 일이라 해도 나는 위로를 받는 그 사람이 아니기 때문에, 상대방의 마음을 다 알지 못한다. 그 마음을 예상할 수 있을지 몰라도, 내가 진정으로 그 사람을 위로하겠다는 마음을 가졌다면, 절대 모든 것을 다 아는 것 같은 태도는 버려두라고 말하고 싶다.

내가 생각하는 진심의 위로란, 말을 들어주되, 그 사람의 심정 모든 것을 아는 척하면 안 된다고 생각한다. 실제, 지인들에게 내가 받은 위로 중 진심으로 위로가 되었던 말이다.

그랬구나.
너에게 그런 일이 있었는데, 내가 모르고 있었어, 미안하다.

이 일을 계기로 타인의 통증과 아픔을 쉽게 판단하거나, 가볍게 보지 않는 마음을 가질 수 있었다.

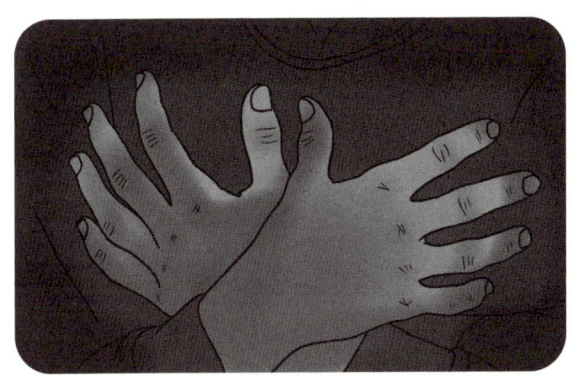

통증의 개인차

타인의 통증과 아픔을 가볍게 보지 않는 마음을 가지게 되었다.
그 사람의 심정 모든 것을 아는 척하는 위로는 위로가 아니다.

7. 몰래 찾아온 손님
우울이란 손님

아빠가 쓰러지신 후 나의 삶에도 많은 변화가 있었지만, 제일 큰 삶의 변화를 느낀 사람은 엄마일 것이다. 간병생활 중 도망도 가고 별의별 일이 있었지만, 그래도 누가 뭐래도 나의 엄마는 최고였다. 그런 엄마에게 반갑지 않은 손님이 찾아왔으니, 우울이란 손님이다. 이제야 온 것이 신기할 따름이지, 우울증이란 것이 엄마에게 이상하게 다가오진 않았을 것이다.

엄마와 딸

나의 엄마는 매우 낙천적이며 긍정적인 사람이다. 아는 게 없어 그런 것인지, 의문이 들 정도로 긍정적인 부분이 많다. 그런 엄마를 나는 많이 닮았다.

나는 결혼을 하고 첫 애를 출산하고, 육아와 공부, 일을 핑계로 엄마에게 아빠를 전적으로 맡겨놓았다. 나는 결혼 후 나의 관심사가 아빠에서 남편, 자식으로 이동하고 있는 나를 지극히 정상으로 생각하고 나 자신을 대견하게 생각했다.

불면증 약

엄마는 잠이 오지 않는다며 나에게 불면증을 자주 호소하셨으며, 불면증을 해결하기 위해 한 잔 두 잔 하던 소주잔의 결과는 나의 몫이었다. 나의 엄마는 육아와 일로 지쳐있는 딸에게 늦은 시간 전화해 술주정도 통쾌하게 하는 그런 엄마였다.

친정을 오랜만에 찾은 나는 두툼한 엄마의 약봉지를 보며 물었다. 엄마는 통 잠을 자지 못해 불면증을 해결하기 위한 약을 처방받으셨다고 하셨다. 어디서 받았는지는 자세히 묻지는 않았다. 복용방법을 설명 들었겠지 싶었으며 나는 대수롭지 않게 그렇게 넘어갔다.

나의 엄마는 아무것도 모르는 엄마일 때가 많았다. 수면제를 처방받긴 했지만, 이 약이 본인에게 어떠한 결과를 줄지까지는 예상할 수 없었을 것이다. 나중에 확인한 처방전 내용물은 졸피뎀이라는 수면제였다. 이미 졸피뎀은 유명 연예인 사건부터 다양한 부작용이 있는 약물이다. 처방전을 보고 나서야 엄마가 왜 그런 행동을 했는지 충분히 알 수 있었다.

우울이란 손님은 엄마의 잠부터 뺏어가면서 불면증이 오게 되었다. 소주 한 잔, 두 잔 술기운에 잠을 자는 것도 힘드셨는데 수면제까지 처방받았으니 꽤나 힘드셨나 보다.

졸피뎀의 부작용으로는 복용 후 전날의 기억을 못 하는 기억장애 등 장기간 복용 시 환각 증상 등을 일으킨다.

사건은 일어났다. 사건이 일어난 후 한참 지나서야 사실을 알게 되었지만, 정말 큰일 날 수도 있었던 사건이었다. 엄마는 그 수면제를 먹고 나서부터 기억나지 않는 일들이 있었다고 했다. 분명 수면제를 먹고 잤는데, 일어나 보면 된장찌개가 보기 좋게 뚝배기에 끓여져 있다든지, 보리차를 끓여두었다든지, 청소나 빨래 등 엄마가 평소에 하던 활동들이 되어있었다고 했다. 아마도 환각 상태에 본인도 기억하지 못하는 일들을 자동적으로 했던 것일 거다.

친정 아파트는 복도식 아파트이다. 오래된 이웃들이 거주하기에 바로 옆집 아주머니와 엄마는 친하게 지내셨다. 엄마는 환각 상태에 집 안 현관문 앞에서 문 열라고 고래고래 소리를 지르셨단다. 놀란 옆집 아주머니가 왜 그러냐고 물어봤지만, 계속 소리를 지르고 문을 두드렸단다. 이웃집 아주머니는 엄마가 술을 드셨나 싶기도 하고, 들어가고 싶어도 열쇠도 없고, 방법이 없으니 기다리셨는데, 다행히 그러다 조용해졌다고 한다.

다음 날 엄마는 눈을 떠보니 현관문 앞에서 잠을 자고 있었으며,

집 안 현관문은 칼자국으로 찍혀있었다고 한다. 나중에야 그 자국을 보고 물어보니 그때의 일을 말씀해주셔서 알게 되었던 것이다.

나는 아빠가 너무 걱정이 되었다. 분명 아빠는 아무런 표현도 못하고 누워서 엄마의 그 이상행동을 다 지켜보았을 것이다. 아빠에게 해가 되는 행동은 하지 않았지만, 아빠가 아무것도 할 수 없는 자신의 상황에 대해서 얼마나 힘들어하셨을까? 싶은 마음에 매우 가슴이 아팠다.

만약 그때 현관문이라도 열리게 되었다면 어떤 일이 벌어졌을지는 아무도 모른다. 아찔하고 소름끼치는 사건이 아닐 수가 없다. 그 사건 이후 엄마는 의지로 우울을 이겨내고, 생활환경을 조금씩 바꿔가며 불면증을 해결하셨다.

그 이후 결단을 내려야만 했다. 이대로 계속되다가는 엄마와 아빠 모두 잃을 수도 있다는 불안감과 함께 엄마의 건강한 생활을 위해 아빠를 요양병원에 모시기로 결정을 내리게 되었다. 아빠를 요양병원에 모신 후 엄마는 나의 집 근처로 이사를 오게 되었다. 지금도 친정엄마는 딸네 집에서 5분 거리에 살고 계신다.

사실 아빠를 요양병원에 모셨기에 엄마의 생활은 빠르게 바로잡아졌을지는 모르나, 아빠의 생활은 반대였을 것이다. 요양병원으로 모신 후 나의 아빠는 하루 빨리 강을 건너 쉬고 싶으셨을 것이다.

딸이 무언가 결정해야 했던 그날을 생각하면, 마음이 무겁다.

우리는 살아가면서 수많은 선택과 결정의 순간이 늘 따른다. 일반적인 경우라면 선택과 결정의 순간, 해피엔딩의 결과를 예상하기 마련이다. 현시대를 살아가는 우리의 미래는 정해져 있지 않다. 죽는 방법과 시기도 정해져 있지 않는 것처럼 말이다.

선택 장애라는 말이 생길 정도로 사람들은 본인이 직접 선택하는 것을 어려워한다. 무언가 선택한다는 것은 다른 한 가지를 버려야 한다는 조건이 따른다. 물론, 내가 아버지를 버린 것은 아니지만 나는 엄마에게 몰래 찾아온 우울이라는 손님을 핑계로 엄마를 먼저 구해야 했다. 선택할 순간에는 올바른 선택인지 고민되지만, 우리는 곧 무거운 마음과 고민을 버리고 그 현실에 적응하며 곧잘 살아간다.

무거운 마음도 살아가기 위한 힘이 된다. 오늘도 우리는 무언가를 선택했을 것이며, 그 선택으로 인해 무언가는 버려졌을 것이다. 무거운 마음이 오늘 하루도, 내일도 앞으로의 삶에 큰 힘이 되기를 바란다.

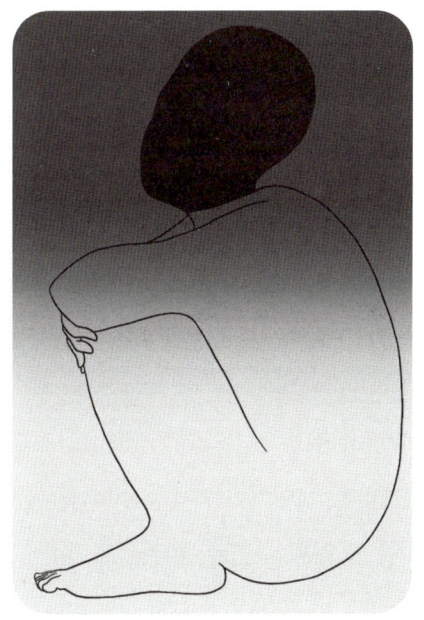

우울이란 손님의 방문으로,

아빠와 엄마 둘 중 누군가를 선택해야 했던 그날

딸이 무언가 결정해야 했던 그날을 생각하면, 마음이 무겁다.

8. 365일 주먹 쥔 손
강직으로 발생된 아빠의 파워 주먹

주먹 쥐고 손을 펴서 손뼉 치고 주먹 쥐고, 또다시 펴서 손뼉 치고 두 손을 머리 위에 나비가 훨훨 나비가 훨훨 나비가 훨훨 훨훨 날아요.

한 번쯤은 들어봤을 '주먹 쥐고 손을 펴서'라는 동요이다. 이 동요를 들으면 주먹을 쥐고 손을 펴고, 손뼉을 치는 간단한 율동이지만, 뇌졸중으로 인한 편마비 환자들은 대개 마비된 손을 자유롭게 움직이지 못한다. 회복력은 개인차가 매우 크기 때문에 마비된 손을 자유롭지는 못하지만, 움직일 수 있는 환자들도 있다.

나의 아빠는 쓰러질 당시, 62세의 과거 병력이 많은 신체 허약한 예비 고령자셨다. 뇌졸중이 오지 않더라도 아빠는 충분히 허약했다. 뇌졸중 후의 운동 회복 단계를 나타내는 브룬스트룸(Brunnstrom) 회복 단계라는 것이 있는데, 이 회복 단계는 1단계에서 6단계까지 있으며 환자의 개인 상태에 따라 1단계에서 혹은 6단계까지 회복될 수 있다.

아빠의 손은 3단계, 경직이 심한 단계에서 그쳤으며, 365일 주먹 쥔 손을 하고 있었다. 그렇게 경직이 심한 손에도 손톱도 자라고, 때도 끼고 땀도 난다. 그저 운동과 감각기능만 소실했을 뿐이지, 건강한 사람들과 똑같다. 만약, 우리의 손을 주먹을 쥐고 혼자서는 펼 수 없는 상태라고 가정하며 상상해보자. 손을 펴고 싶어도 손가락을 펴면 경직으로 인해 손가락은 다시 구부려진다.

365일 주먹 쥔 손은 여름이 되면, 약한 피부를 가진 아빠의 손바닥부터 손가락 사이가 짓무르기 일쑤였다. 주먹 쥔 손에는 고약한 냄새도 심하다. 노란 알갱이 같은 때가 아빠의 손가락 사이사이 껴 있다. 경직된 손이라고 내버려두면 짓무르게 되고, 마비된 손은 환자에게 더욱 장애물이 된다.

나는 아빠의 팔과 손이 장애물이라고 느끼지 않도록 관리했다. 경직으로 인한 팔과 손의 관리방법으로는 지속적인 물리치료 및 작업치료를 받는 것이 제일 좋은 관리 방법이 되겠지만, 재활의 정보가 없는 보호자들이 쉽게 할 수 있는 방법이 있다.

첫 번째, 경직으로 365일 주먹 쥔 손을 외부의 힘을 이용해서 손가락을 펴야 한다. 통증이 없는 범위에서 손가락의 관절가동범위를 유지할 수 있도록 관절운동을 시행한다. 손가락을 펴기 전, 쉽게 펼 수 있도록 따뜻한 물을 적신 수건으로 먼저 손가락을 닦아준다. 따뜻한 열에 의해 주먹 쥔 손을 관리하기 더욱 쉬워진다.

두 번째, 경직으로 주먹 쥔 손가락은 손바닥 안으로 파고들어갈 수 있다. 손톱을 관리하지 않으면 손바닥은 쉽게 짓무르고 상처가 날 수 있다. 환자의 손톱은 목욕 후 손톱을 조심스레 관리한다. 환자들은 손톱 무좀이 있는 경우가 흔히 있다. 가벼운 경우에는 연고를 처방받는 것이 편할 수 있으나, 심할 경우에는 약을 처방받는 게 가장 빠르다. 손톱 무좀이 있으면 먼저 무좀부터 해결한 후 손톱 관리를 추천한다.

세 번째, 주먹 쥔 손은 건강한 성인이 주먹 쥔 것처럼 예쁘게 쥐어지지 않는다. 환자 개개인이 다른 특성을 가지며 주먹을 쥐게 되는데, 이때 지속적으로 한 자세로 유지된다면 손에는 영구적인 변형이 생긴다. 움직이지도 않는 손에 변형이 생기면 얼마나 큰 의미가 있을까 싶지만, 환자에게는 장애물이 되지 않도록 자신의 마비된 손을 관리하는 방법을 알려주어야 한다.

관리 방법은 여러 가지 도구를 사용할 수 있는데, 시중에는 이런 경직된 손을 관리할 수 있는 보조도구들이 나온다. 이런 보조도구들이 없다면, 나는 자주 사용했던 물건이 압박붕대였다. 압박붕대를 환자의 손가락 크기에 맞춰 경직된 손에 쥐어주면, 경직된 손은 압박붕대를 감싸게 되고 환자의 엄지와 검지 사이의 피부의 거리가 유지될 수 있다.

편마비 환자에게는 비록 마비된 손이지만, 인지장애가 없는 환자에게는 마비된 손을 지속적으로 관리할 수 있도록 교육해야 하며, 보호자가 이를 지지해줘야 한다. 발은 한 발로 걸어갈 수 없다. 어떻게든 두 발을 사용하여 편마비 환자는 마비된 발을 사용하려 한다. 그러나, 손은 한 손으로도 살아갈 수 있다. 그래서 그런지 팔의 기능이 빨리 회복하지 못한 환자들에게서 팔과 손이 장애물 같다는 말을 종종 듣게 된다. 팔과 손이 장애물이라고 느낀 순간, 환자의 신체 회복과 독립적인 일상생활 활동은 더욱더 멀어지게 된다.

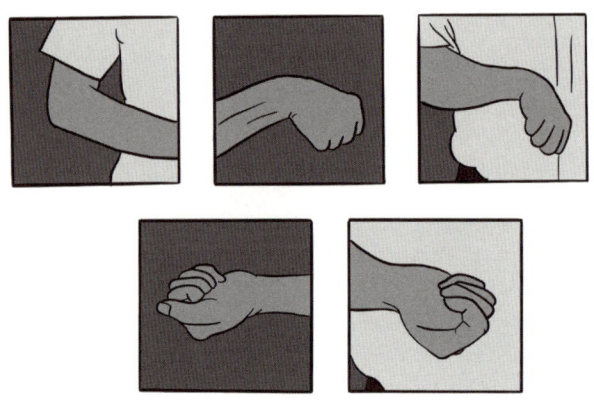

365일 주먹 쥔 손이 더 이상 장애물로 느껴지지 않도록….

9. 눈으로 먹다
삼킴장애 환자들의 식욕

인간의 욕구를 말하면, 흔히 매슬로의 인간의 욕구 피라미드 (1943)를 떠올리게 될 것이다. 그 욕구 피라미드에서도 생리적 욕구는 인간에게 나타나는 가장 기본적이면서도 강력한 욕구로 욕구 피라미드의 최하단에 위치한다. 인간 생존을 위해 물리적으로 요구되는 필수 요소이기 때문에 생리적 욕구가 충족되지 않으면 인간의 신체는 제대로 기능하지 못하고 따라서 적응적 생존이 불가능하게 된다. 음식, 물, 성, 수면, 항상성, 배설, 호흡 등과 같이 인간의 생존에 필요한 본능적인 신체적 기능에 대한 욕구가 생리적 욕구이다. 가장 기본적이면서 중요한 욕구이므로 다른 어느 욕구보다도 먼저 충족되어야 한다.

음식과 식욕

음식은 매슬로의 욕구 피라미드에서 생리적 욕구에 해당하며, 음식물을 섭취하려는 욕구를 식욕이라 부른다. 하지만, 식욕은 생리적 욕구에 해당하는 공복감의 음식 섭취와는 다른 개념이다. 공복 때

일반적인 음식물을 섭취하고자 하는 욕구 상태는 생리적 욕구가 맞지만, 식욕은 생명 유지를 위한 목적보다는 삶의 즐거움을 찾기 위한 또 다른 욕구라고 할 수 있을 것이다.

식욕:
삶의 즐거움을 찾기 위한 또 다른 욕구

삶의 즐거움을 찾기 위해, 현대인들은 소문난 맛집을 찾아다니며, 핫플레이스 인증샷과 함께 개인 SNS에 음식 사진을 올리면서 정보를 공유한다. 빠른 속도로 다음 맛집을 찾을 것을 계획하는 등 삶의 일부를 잘 먹는 것, 맛있게 먹는 것에 목숨을 건다. 잘 먹는다는 것은, 푸짐하게, 보기 좋게 등의 많은 의미를 담고 있다.

작업치료사는 다양한 이유로 발생한 삼킴장애 환자들에게 잘 먹고, 맛있게 먹고, 안전하게 먹을 수 있는 방법을 환자들에게 알려준다. 연하 치료 또는 삼킴 재활의 궁극적인 목표는 안전하게 먹는 것이다.

의식이 있는 침상환자, 의식이 없는 혼수상태 및 반혼수상태에 환자든 음식물 섭취라는 생리적 욕구는 충족시켜줘야 한다. 의식이 있는 환자에게는 자발적인 삼킴을 통해 음식물 섭취를 유도할 것이며, 의식이 없는 환자에게는 최소한의 생명 유지를 위한 영양을 다양한 의료적 기술로 제공하게 된다. 간혹, 의식이 없는 반혼수상태의 환자들도 자발적으로 음식물을 섭취하는 경우도 있지만 대개 드물다.

 의식이 있는 환자는 자발적으로 음식물을 입으로 섭취하여 식도를 지나 위까지 순서대로 가면 문제가 없지만, 삼킴장애의 환자들은 의식이 있어도, 정상적으로 음식물을 삼킬 수 없다. 환자들마다 삼킴장애의 원인과 그 증상은 다양하게 나타나지만, 정상적으로 음식물을 삼킬 수 없다는 것은, 음식물을 삼키는 과정 중 위험이 따른다는 것이다.

 삼킴 과정은 생명과 연결되어 있으며, 정상 삼킴 과정은 구강 전기, 구강기, 인두기, 식도기로 크게 4단계로 구분한다. 이 4단계에서 음식물이 기도로 들어가는 경우가 발생하는데, 이 현상을 기도흡인이라고 하며, 대표적인 합병증은 흡인성 폐렴이다. 폐는 공기만 들어가야 한다. 공기 외에 이물질이 들어갔을 때는 폐렴이 발생하게 되는데, 노약자 등 침상 환자들에게 폐렴은 죽음과도 연관되는 무서운 병이다.

 아빠는 이 흡인성 폐렴을 달고 사셨고, 흡인성 폐렴으로 인해 패혈증까지 발생하여 치료를 받아야 했다.

 삼킴장애 환자들에게도 생명을 유지하는 영양 섭취는 이루어져야 한다. 하지만, 입으로 먹는 것은 오히려 병이 생기니, 입으로 먹는 것을 막아야 살 수 있다. 입으로 먹지 못한다면 어디로 먹어야 할까?

다양한 영양 공급 방법이 있다.

콧줄이라 불리는 NG tube, 위에 구멍을 직접 내어 영양공급을 하는 G tube(PEG), 수액을 통한 영양공급 등 아빠는 생명을 유지하기 위해 입으로 음식물을 섭취하는 방법 외 모든 방법을 이용했다.

삼킴장애 환자에게는 환자의 증상에 맞는 식이가 제공된다. 증상이 심하지 않은 환자에게는 유동식으로 걸쭉한 음식의 형태로 제공되고, 액체는 삼가도록 한다. 튜브를 이용하여 영양섭취를 함께 하면서 삼킴 재활을 통해 점진적으로 입으로 식사하는 양을 늘리게 된다. 아빠는 병원에서나 집에서나 삼킴 재활을 지속적으로 받았지만, 침상에 누워있는 기간이 길어질수록 삼킴의 기능은 더욱더 안 좋아졌다. 침을 삼킬 때도 흡인이 일어날 정도로 굉장히 위험한 상황까지 왔다.

아빠의 삼킴 재활 과정 중 앞으로는 입으로 음식물을 다시 섭취하기는 어렵겠다고 판단한 것은, 비디오 판독검사 결과도 그러했지만, 바로 아빠의 식욕이 사라졌기 때문이다.

나의 짧다면 짧은 작업치료사 경력 중 그중에도 많은 치료를 차지한 것은 바로 삼킴장애 환자들을 치료한 경험이다. 많은 환자들을 만나 평가부터 치료를 하면서 얻은 팁으로, 환자의 초기 평가 시 삼킴 재활의 기간과 예후가 대략 그려진다. 그것을 판단할 수 있는 제일 큰 부분은 바로 환자의 식욕이 있는지, 없는지이다. 식욕이 있다면 대개 인지손상이 적은 환자는 빠르게 삼킴의 기능이 회복했지만, 식욕, 즉 식탐 같은 먹고자 하는 욕심이 없는 환자들은 매우 회복의 속도가 느렸다.

아빠는 그렇게 식욕을 잃고 나서부터 모든 음식의 맛은 눈으로만 느껴야 했다. 아빠의 식욕을 다시 살리기 위해, 아빠 앞에서 삼겹살도 구워 먹고, 아빠가 평소 좋아했던 음식을 보여주고 먹어보았지만, 아빠는 실제로 먹고 싶지 않아 했으며, 별다른 감흥을 보이지 않으셨다.

그도 얼마나 힘드셨을까? 침상 환자들의 컨디션을 유지하고 회복하기 위한 여러 방법 중 하나는 환자의 식욕을 유지하여 주는 것이라 생각한다. 먹는 것의 즐거움. 맛있는 것을 먹는 즐거움. 환자가 삶을 살아가고 싶은 하나의 동기부여가 될 것이다.

먹는 즐거움은 삶을 살아가고 싶은
하나의 동기부여가 될 수 있다.

삼킴장애를 꼭 치료해야 하는 제일 큰 이유다.

10. 벌거벗은 임금님
아빠 몸이 제일 멋있어

어릴 적 한 번쯤은 들어봤을 동화. 벌거벗은 임금님. 동화의 내용과는 다르지만, 나의 아빠는 벌거벗은 임금님이셨다.

누워만 지내는 침상환자에게 옷 입기 활동은 단순히 체온 조절을 위해 옷을 입는 것보단, 벌거벗은 몸이 보기 싫어 옷을 입혀두는 것이 더 가까울 것이다.

침상환자에게 옷 입기 활동은 여러 가지 이유가 있을 수 있겠지만, 남에게 좋은 인상을 주기 위한 목적으로는 옷을 입지는 않는다. 흔히 병원에서 입는 환자복에는 여러 가지 종류가 있다. 원피스 형태의 산부인과 환자복에서부터 수술 시 입는 환자복까지…. 그러나 우리는 환자복이라 하면, 일반적으로 입원실 환자복을 떠올릴 것이다. 큰 단추로 마무리되며, 하의는 고무줄로 자신의 신체 사이즈보다 한참은 큰 사이즈의 환자복을 선택하게 된다.

이러한 환자복은 기본적인 의복의 형태를 띠면서, 가장 케어하기 쉬운 형태의 옷을 고안해서 만들어졌을 것이다. 그러나, 침상 환자에게는 일반 환자복이 일상생활에 큰 도움이 되지 못한다.

우선, 큰 사이즈의 환자복은 옷이 커지면서 겹쳐지게 되는데, 이 때 생기는 주름 등이 환자 피부에 장시간의 압력을 가하게 되고 이로 인해, 욕창의 위험도 따르게 된다. 실제 큰 치수의 상의 환자복을 입고 잠을 자게 되면, 다음 날 체위 변경을 위해 옆으로 몸을 돌렸을 때 확인할 수 있다. 옷이 겹쳐져 있는 부분의 압력으로 등쪽 피부는 알 수 없는 모양으로 선이 그어져 있다. 압력이 가해진 부분의 색은 검붉은 색을 띠게 되며, 아플 것만 같은 자국은 꽤나 오래 지속된다.

침상 환자의 대소변은 침상에서만 이루어진다. 기저귀에 의존할 수밖에 없으며, 기저귀의 솜 자국 역시 엉덩이 부분 어딘가에 압력이 가해지고, 검붉은 색을 띠면서 자국이 생긴다. 침상 환자의 에스테틱이란 주제의 글을 본다면, 환자의 보호자가 왜 이리도 이런 자국에 대해 예민한 것인지 조금은 이해할 수 있을 것이다.

기저귀에 소변이 묻게 되면, 바로 갈아주는 게 원칙이다. 의사소통이 원활하지 못한 환자들은 언제 소변을 봤는지 알 수 없다. 지속적으로 확인을 해야 한다.

여러 가지 복합적인 이유로 아빠는 벌거벗은 임금님이 되셨다. 엄마의 긴 간병 경험으로 아빠는 제 몸보다 한참 큰 환자복은 입지 않았다.

상의는 항상 얇은 내의를 입고, 땀 흡수력이 뛰어난 면 제품을 이용하였다. 하의는 입지 않았다. 기저귀도 하지 않았다. 간병의 경험이 없는 사람이라면 기저귀도 채우지 않았다는 것에 놀랄 수도 있을 것이다.

성인의 기저귀는 아기 기저귀처럼 하나로 끝나는 게 아니다. 밴드형의 겉기저귀와 속기저귀, 위생용 패드가 필요하다. 가격은 기능성에 따라 다양하다. 겉기저귀에 속기저귀를 깔고, 대변을 볼 시 운이 좋으면 겉기저귀에는 대변이 묻지 않는다. 속기저귀보다는 겉기저귀가 상대적으로 비싸기 때문에, 웬만하면 겉기저귀를 오래 사용하는 것이 실용적이다.

남자와 여자의 대소변 케어는 생식기 구조의 차이가 있기 때문에 다르게 적용된다. 대변의 경우에는 크게 달라지는 게 없지만, 소변 케어는 매우 다르다. 대소변 케어는 각 개인의 특성과 케어자의 경험 등에 따라 충분히 바뀔 수 있는 부분이다.

아빠는 아빠의 중요부위를 항상 속기저귀로 감싸고 그 위에 새지 않도록 위생팩(일회용 비닐)을 씌우게 했다. 엄마가 고안한 방법이다. 겉기저귀는 외출 시만 사용하고 항상 속기저귀만 항문부위에 깔고, 중요부위를 감쌌다. 이때, 위생용 패드가 필요하다. 침대를 충분히 커버할 수 있는 넓은 사이즈로 시트 위 엉덩이가 위치할 부분에 깔고, 그 위에 속기저귀를 깔아 환자를 눕히게 된다. 한동안 이 방법을 유지했지만, 금세 엄마는 속기저귀까지 아낄 수 있는 다른 방법을 고안해냈다.

바로 10cm 지름의 돌돌 말려져 있는 롱 비닐에 중요부위를 넣고, 그 위에 찍찍이 밴드를 말아 고정시키는 방법이다.

롱 비닐은 실제 의료기 판매소에 판매하고 있었으며, 건너건너 들은 정보를 실제 적용해보니, 매우 실용적이었다. 특히, 더운 여름에는 더할 나위 없이 좋은 방법이었다.

온몸에 강직이 심한 아빠는 말 그대로 몸이 통나무처럼 뻣뻣한 상태셨다. 이렇게 강직이 심한 환자의 기저귀를 교환하려면, 보통 두 명의 케어자가 환자를 좌우로 돌리며 케어해야 한다. 강직으로 인해 환자도 통증을 호소하고, 대소변이기에 빠르게 해야 한다는 생각으로 급하게 하다 보니, 깨끗하게 케어가 되지 않는 경우가 대부분이다.

욕창이 두려워 상의는 최대한 간단히 입히고, 효과적인 대소변 케어를 위해 애쓰다 보니, 아빠는 항상 벌거벗은 몸으로 얇은 이불 하나에 의지해 있으셨다. 손님이 찾아온다 할 때에는 환자복 상의로 아랫도리를 가렸는데, 팔이 들어가는 부분을 다리에 넣고 상의의 등판을 아랫도리를 가리는 방법으로 옷을 입혔다. 지극히, 이러한 케어 방법은 아빠의 의사를 묻기보다는 보호자인 엄마 위주의 대소변 케어였지만, 나도 시행했던 케어 중에서도 제일 좋은 방법이었다. 게다가, 기저귀 값도 매우 절약할 수 있었다.

나의 아빠는 쓰러진 직후, 의식이 돌아오기 전에도 딸인 내가 간병할 때에는 대변을 보지 않으셨다. 꼭 참고 있다가 엄마가 오시면 대변을 보셨다. 우리는 웃으면서 아빠가 의식이 없어도 다 아는가 보다고 말하며 아빠에게 말했다.

 아빠 괜찮으니 편하게 봐.
 나는 다른 사람들보다 좀 더 일찍 아빠의 기저귀를 갈고, 한 가정의 가장이 되어, 아무것도 할 수 없었던 아빠와 아무것도 모르는 엄마를 보살피는 삶을 살았다. 나에게 두 자녀가 생긴 후 애들을 보살피다 보니 확실해졌다.
 나의 아빠는 딸인 나에게 보살핌을 받을 만한 자격이 충분하다는 것을….

 아빠를 보살필 수 있었던 그 귀한 시간을 나는 잊지 않고 소중히 간직하고, 내 인생에서 제일 빛나던 순간이라는 것을 나의 자녀들에게도 알려주고 싶어 오늘도 그날의 기억을 기록한다.

아빠 괜찮아. 편하게 해.

11. 아빠의 슈퍼 카
W/C 슈퍼 카

W/C 슈퍼 카를 들어보셨나요? 아빠의 휠체어는 우리 가족에게는 최고의 슈퍼 카였다. 그 당시 개인 자동차가 없던 시기이니, 아빠의 슈퍼 카는 늘 두리발 장애인 택시 위 그렇게 온 병원을 함께 누볐다.

작업치료사인 나는 이런 휠체어라면 종류별, 기능별 대부분에 휠체어를 다룰 수 있지만, 돌봄이 필요한 가족이 있는 가정과 의료인 또는 보건계열 종사자가 아니라면, 휠체어는 단순히 노약자가 타는 도구의 하나일 것이다. 나처럼 장기환자가 집에 있는 돌봄자라면, 이 휠체어는 단순한 도구가 아닌, 소중한 슈퍼 카이다.

아빠의 슈퍼 카는 여러 변화가 있었다. 걷지 못하고, 몸을 가눌 수 없는 환자에게 휠체어의 선택은 이동이 필요한 시기부터는 제일 중요한 보조도구 중에 하나라고 할 수 있다. 보조도구에서도 이동수단에 해당하는 휠체어는 환자와 보호자의 삶에 의미 있는 활동과 작업을 할 수 있게 해주는 특별한 도구임은 틀림없다.

아빠의 처음 슈퍼 카는 리클라인(Recline) 휠체어였다. 리클라인 휠체어란, 환자를 눕힐 수 있는 휠체어로, 몸을 가누기 힘든 환자들을 경사로 45도 정도 누워 이동을 할 수 있게 하는 기능을 가진 휠체어이다. 몸을 가누기 힘들다는 것은 목도 가누기 힘든 것이기에 목도 함께 지지해주는 휠체어로, 보통 마비가 온 후, 이완 상태이거나 의식이 없는 환자, 급성기 환자에게 사용하게 되는 휠체어이다. 보통 병원에 리클라인 휠체어가 배치되어 있는 경우도 있지만, 종합병원 및 대학병원에서는 리클라인 휠체어를 이용한 이동이 아닌, 침대에 누운 채로 이동하는 경우가 다반사다.

    요양병원 또는 재활병원에 인프라가 갖춰져야 배치되어 있는 리클라인 침대를 볼 수 있다. 휠체어에 기능과 종류, 소재 등에 따라 가격은 천차만별 차이가 난다. 가장 기본 휠체어라고 하는 우리가 흔히 보는 휠체어도 구매하게 되면 40만 원이 넘는 돈을 들여 구매해야 한다. 병원에 입원 중이라면, 장기요양보험에서 제공하는 복지용구에 휠체어 대여는 할 수 없다. 게다가, 병이 발병한 후 6개월 이전이라면 장애등급도 받을 수 없기에 어디서도 휠체어를 지원받을 수 있는 방법은 없다. 이런 경우에는 개인 자금을 들여 휠체어를 구매하게 되는데, 이런 휠체어에 대한 지식이 없는 보호자들은 덜컥 환자의 상태가 좋아지기 전에 리클라인 휠체어를 구매하게 된다. 리클라인 휠체어를 사용하는 기간은 환자의 회복과 증상 정도에 따라 다르지만, 대부분의 뇌손상 환자는 발병 후 6개월 이전 리클라인 휠체어에서 졸업하고, 이후 보통에 흔히 볼 수 있는 휠체어로 갈아타게 된다.

    결국 사지 않아도 되는 리클라인 휠체어를 사고, 두 번의 휠체어를 사는 경우가 있다는 것이다. 그렇기에 휠체어 구매는 최대한 늦추는 것이 앞으로 많은 돈이 나가야 하는 상황에 조금이나마 도움이 될 것이다.

휠체어는 구매와 대여 두 가지의 방법이 있지만, 휠체어도 곧 소모품이기에 대여의 방법을 추천한다. 노인성 질환에 해당하는 환자라면 꼭 장기요양보험에서 시행하는 복지용구 대여 방법을 이용하는 것이 가장 좋다. 휠체어에는 많은 부속품들이 존재한다. 휠체어 방석, 휠체어 벨트, 휠체어 가방 등 휠체어에 의지한 채 바깥세상으로 나가야 하기에, 휠체어에도 많은 부속품들이 있다. 우리가 유모차를 생각하면 쉽게 이해할 수 있을 것이다. 유모차 아래에 짐을 둘 수 있는 곳과, 유모차 손잡이에 짐가방을 걸 수 있는 고리, 컵홀더, 햇빛 가리개 등 유모차 하나에도 얼마나 많은 부속품들이 존재하는가.

아빠는 휠체어 타는 것을 좋아했다. 매일 집 천장과 TV만 볼 수 있는 것이 유일했던 아빠에게 휠체어를 탄다는 것은 세상을 볼 수 있는 시선의 위치가 바뀌는 것으로, 그도 그랬을 것이다. 침상 환자에게 몸에 위치를 이동하고, 휠체어를 타고 내리는 이런 모든 과정이 단순한 이동이 아닌 세상을 볼 수 있는 유일한 시선이라 생각한다면, 우리 모두 휠체어를 태우는 그 하나의 활동에도 큰 의미를 둘 수 있을 것이다. 더 나아가 이동의 번거로움에 귀찮아하는 마음도 줄지 않을까? 단순 대여로 받은 아빠의 슈퍼 카는 세상 소중한 우리 가족의 보물이었다.

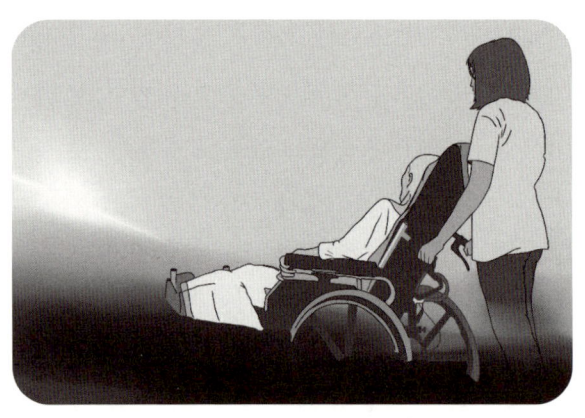

아빠의 슈퍼 카는 세상을 보는 창

기억의 끝자락

1. 기억이란 숙제
기억을 영상으로 기록하다

우리의 뇌에 기억하는 기능이 있다면 망각이란 기능도 있다. 망각은 개인의 장기 기억 속에 이미 저장되었던 정보를 잃어버리는 현상이다. 우리의 일상생활에서는 새로운 정보를 저장하기 위해 필요하지 않은 정보는 망각하게 된다. 이러한 망각 증상은 자연스러운 현상이고, 기억과 망각은 늘 동시에 일어난다.

망각을 보상하기 위해 우리는 다양한 방법을 이용하게 된다. 메모, 알람, 사진 등 개인적인 환경에 맞는 방법을 사용하는데, 이러한 방법을 이용하는 것을 기억하기 위한 숙제라고 말하고 싶다. 몇십 년이 흘러, 혹시라도 아빠와의 추억을 일부 망각할까 봐 나는 아빠와의 간병 이야기를 기록했다. 이것 또한, 나에게는 기억하기 위한 숙제이다.

기록으로 남기지 않는 것은, 기억에도 남지 않는다.

나의 머릿속에 남아있는 기억은 기록이란 수단으로 남겨두었지만, 아빠와의 추억을 기록하기 위한 수단 중 하지 못한 방법이 있으니,

바로 영상이다. 우리는 그 순간을 더 생생하게 기억하기 위해 사진과 영상을 남긴다. 요즘은 개인 스마트폰에 내장되어 있는 카메라만으로도 전문 사진을 찍을 정도로 화질이 좋다.

아빠가 저 강을 건너고 난 후, 아빠를 추억하기 위해 찾아본 나의 스마트폰 사진첩에는 아빠의 손자와 손녀의 사진으로만 가득했다. 아빠의 사진 열 개, 영상 한 개. 아빠의 손자와 손녀의 사진과 영상은 셀 수 없을 정도로 많다. 자식 키워봤자 다 소용없다는 말이 생각이 났다. 그렇게 사랑했던 아빠였는데, 아빠의 병든 모습과 늙어가는 모습이 찍기 싫었을까? 기억하기 싫어서였을까?

아빠의 영상과 사진이 없다는 것을 느낀 후, 나는 엄마와 시부모님의 영상을 종종 찍는다. 나의 자녀와 함께 나오는 사진과 영상이 대부분이지만, 엄마의 걸어가는 뒷모습부터, 욕하는 모습, 밥 먹는 모습 등 생각날 때마다 휴대폰의 동영상을 켠다. 영상은 목소리와 소리가 있어 더 그날을 기억하기 좋다.

좀 더 빨리 아빠와 엄마의 영상을 찍지 못해 미안하다.

아빠의 사진 열 개, 영상 한 개.

2. 끝, 마지막 준비
거부하고 싶은, 무거운 마지막 준비

할 수 있는 게 아무것도 없었던 누워있는 1등급 아빠와 아무것도 모르는 엄마의 보호자는 외동딸인 나. 그 누구도, 나에게 아빠의 임종에 대해 준비나 조언을 해준 적이 없다.

임종에 대한 대처방법 등은 가족들의 문화와 배경에 따라 많이 다를 수 있지만, 장례절차는 현실이다. 32살 외동딸이 책임지고 장례를 치를 일은 많지 않을 것이다. 아빠의 장례 준비는 DNR 동의서에 사인했을 때부터 준비했어야 했지만, 나는 그러지 못했다. 언젠가는 아빠를 저 강에 건너게 할 것이란 것을 알고 있었지만, 그 이후 일에 대해서는 생각하지 못했다.

아빠의 위독하단 소식과 함께 병원에 도착했지만, 외동딸인 내가 아빠를 보내기 위해 준비해야 하는 것이 무엇인지 모른다.

엄마에게 소식을 알리고, 아빠의 사망시각을 확인했다. 오전 12시 30분.

아빠가 계셨던 요양병원 지하에는 장례식장이 있었고, 엄마는 간편하게 요양병원 지하에 모시자고 했지만, 나는 왠지 마지막 가는 곳만이라도 좋은 곳에 모시고 싶었다. 엄마에게 우선은 알아본 후 결정하겠다 했지만, 장례식장에 따라 비용도 천차만별이고, 알아보니 끝도 없다.

상조는 아빠의 장례를 치르기 위한 모든 준비를 다 갖춘 제도였다.

엄마에게 전화가 온다. 몇 달 전 가입한 상조가 있으니, 거기에 전화를 해보란다. 상조라는 것이 있었구나. 나에게 상조는 아빠의 장례를 치르기 위한 모든 준비를 다 갖춘 제도였다. 엄마가 나보다 낫다는 생각을 하며, 상조에 전화를 한 후, 그렇게 장례 준비를 했다. 지금 생각하면 아빠가 저 강을 건너던 그날, 그 시간의 일이 기억나지 않는다.

엄마의 말을 따라 요양병원 지하에 있는 장례식장에서 장례를 치르기로 결정한 후, 친지들에게 부고 소식을 알렸다. 아빠가 돌아가셨던 2016년 12월 15일은 한파주의보가 왔던 엄청나게 추운 날이었다. 나는 3일 동안 밖을 나가보진 못했지만, 조문객들의 옷에서 추위를 느낄 수 있었다.

장례식 관리자 분이 와서 장례비용에 대해 설명한 후, 사진에 대해서 묻는다.

사진은 준비하셨나요?
무슨 사진이요?

임종 사진이요?

장례를 하려면 아빠의 사진이 필요하구나.

그래, 장례를 하려면 아빠의 사진이 필요하구나. 왜 아빠를 언젠가는 보내야 한다는 것을 알았으면서, 사진 하나 준비를 못했을까? 사진이 없다고 말을 하자, 장례식장에서는 사진을 준비해주겠다고 하며, 이전에 찍어둔 증명사진이나 정면으로 잘 나온 사진이 있으면 들고 오란다. 엄마에게 말을 하니, 건강했던 아빠의 모습이 담긴 사진을 들고 오셨다. 급하게 사진을 준비하기 위한 전문가가 출장을 와서 액자에 아빠의 얼굴을 예쁘게 담아주었다. 사진 비용은 출장비와 함께 약 40만 원의 현금으로 지급했다. 미리 준비했다면 10만 원 안 돈으로 가능했을 것을, 장례에 대해서는 몰랐던 나는 아빠의 임종 사진을 위해 비용을 냈다.

상조에서는 빠르게 장례식장으로 오셨고, 나와 간단하게 상담 후 장례를 전문가답게 처리하였다. 아빠는 국가유공자였기에, 호국원에 모실 것을 계획하고 그렇게 순조롭게 진행되는 듯했다. 임종 다음 날, 호국원에 아빠를 모시겠다고 신고를 하고 장례를 치르고 있는 중 호국원에서 연락이 왔다.

아빠가 국가유공자라 대상이 되긴 하지만, 아버지의 신상정보에서 호국원에 모실 수 없는 정보가 있다는 통보였다. 아니, 이게 무슨 일인가? 호국원에 갈 수 없다니. 엄마와 나는 황당한 나머지 그 이유에 대해 물으니, 아빠의 신상정보에서 엄마를 만나기 전, 폭력 문제로 전과 경력이 있어 안 된다는 것이다.

엄마와 나도 처음 안 사실이었다.
나의 아빠는 마지막까지, 나를 긴장시켰다. 다행히도 이의 신청을 하면 심의 위원회가 열릴 것이며, 그 절차 이후 통과가 되면 호국원에 모실 수 있다고 한다. 그렇게 이의 신청을 하기로 한 후, 무사히 장례를 치르게 되었다. 심의 위원회에서는 긍정적인 결과로 종료되었고, 아버지를 호국원에 모실 수 있게 되었다. 날이 좋은 날은 남편과 나의 두 자녀들과 함께 아빠를 만나러 간다.

아빠를 저 강으로 보내는 길이 순조롭지 못하고 너무 무지한 딸이었던 거 같아, 그날이 아쉽고 괜히 죄송스럽다.

우리는 살아가면서 여러 가지의 일들을 배우게 된다. 그중에 아픈 가족이 있다면, 소중한 가족을 떠나보내는 과정을 배우는 것도 준비해야 한다고 생각한다. 장례 상조에 추가되었으면 하는 서비스가 있다면, 바로 가족을 떠나보내는 과정에서 필요한 마음가짐과 준비과정을 간단한 책자나 영상으로 회원들에게 제공된다면, 외동딸인 나에게는 큰 도움이 되지 않았을까?

아빠의 마지막 날까지도 무지했던 그 날

돌봄의 의미

1. 엄마의 딸
우리는 모두 부양자

청년 돌봄자, 영 케어러 곧 40대를 바라보고 있는 30대인 나에게도 해당하는 말일까? 결혼을 하고 두 자녀를 두었지만, 나는 아직 돌봄 진행 중이다. 내 엄마의 유일한 피붙이는 나 하나다. 외동딸로 많은 사랑을 받고 외동딸로 많은 부담을 갖고 살아왔지만, 아직 나의 돌봄은 끝나지 않았다. 사실 한글도 모르는 친정엄마는 늘 걱정이다. 그리고, 언제 올지 모르는 노인성 질환들은 늘 나를 신경 쓰이게 한다. 한편으로는 엄마의 돌봄을 이미 인정하고 언제든지 오더라도 받아들일 수 있는 주문을 걸고 있다고 해야 맞을 것이다.

이전 담당 클라이언트가 했던 말이 기억이 난다. 외동딸이라 했제? 참 귀하게 자랐겠네. 그른데 그거 아나. 집이 부자라면, 외동딸이면 물려받을 재산이 내 혼자니깐 얼매나 좋노. 그른데, 부모님 아프면 우야노. 나는 물려받을 재산은 없다. 그 당시 이미 아빠를 돌보고 있는 청년 돌봄자로서, 격하게 할아버지 말에 동의하며, 현실을 받아들일 수밖에 없었다. 그렇게 쓸쓸하게 웃기만 하는 것이 내가 할 수 있는 외동딸로서 유일한 대답이다.

몇 년 전 친한 언니와 신년 운세를 보기 위해 점집을 찾아간 적이 있다. 나의 사주를 넣고 난 후 그분은 부양가족이 너무 많다. 많아도 너무 많다는 말을 처음 내뱉었다. 내 사주에는 평생을 남을 돌보고 살아가야 하는 운명인가? 그럴 만한 것도, 결혼이란 제도를 통해 새로운 가족이 생겼으니, 시부모님도 나의 부양가족이오. 아들과 딸도 나의 부양가족이오. 나의 남편도 부양가족이오. 가족이 많아져서 그런 것인데, 이건 나 말고도 다 해당하는 말이 아닌가.

엄마는 15년 넘게 당뇨병을 가지고 있다. 거기에 고혈압까지도 세트로 친구 사이를 유지하고 있다. 정기적인 건강검진에서는 위염과, 헬리코박터균, 대장용종 20개는 기본으로 나오는 시한폭탄인 나의 엄마. 거기에다 40년 흡연자로 아직도 소주는 혼자서 1병도 드시는 70대 나의 엄마이다. 멋있다고 표현해야 할까?

엄마는 아빠가 했던 말을 똑같이 지금도 하신다. 뭐 뇌졸중이나 치매 걸리면, 확 죽어삐지. 엄마, 안 죽는거 알잖아, 하고 달리 잔소리는 하지 않는다. 하나밖에 없는 딸이라도 있어, 마음은 편하실 거야. 나는 생각한다. 엄마에 남은 인생에 좋은 것, 이쁜 것, 하고 싶은 것 지금이라도 해드릴 수 있을 때 행복하게 지원해드리고 싶다. 물질적으로 지원하지 못한다면, 마음이라도 편히 해드리고 싶다.

처음에 말했듯이, 누군가를 돌본다는 것은 인생에서 가장 밝게 빛나는 순간이라는 것은 지금도 변함없다. 나는 그렇게 밝게 빛나는 순간이 또 온다면, 더 밝게 빛날 수 있는 여유를 지금 가졌다.
 엄마, 행복하자.

엄마, 행복하자.

2. 노후에 돌봄은 누가?
최고의 유산

'세상에 흔들리지 않는 것이 없고, 잎을 떨구지 않는 생명이 없으며, 노쇠하지 않는 것도, 썩어 사라지지 않는 것도 없구나. 예쁘다, 너'라는 카이 단상집에서 본 기억나는 구절이다. 우리 모두 늘 흔들리며, 잎을 떨구게 될 것이고, 노쇠하게 될 것이고, 결국 썩어 사라지게 될 것이다. 우리 노후에 돌봄은 누구에게 책임을 지게 해야 할까?

한국은 초고령 사회에 관심을 가지며 베이비붐 세대, 그 다음 세대에서 다음 세대 모두 노년을 위해 노후 준비, 노후 자금 등 노년을 행복하게 지내기 위해 많은 시간을 투자한다. 하나의 유행처럼 노후 준비를 하는 사람들도 있겠지만, 노후 준비는커녕 하루하루 살기 바쁜 사람들도 있을 것이다.

2012년 칸느영화제 황금종려상 수상작인 프랑스 영화 아무르(Amour)는 두 노인 부부의 삶을 그린 것으로, 금술 좋은 노부부에 할머니에게 뇌졸중이 찾아오면서 일어나는 일을 그린 영화이다. 여기서, 내가 제일 충격받았던 장면은 이 노부부에게 유일한 자녀인 에바가 가끔 등장하는데, 한국에 자녀들이 가지는 돌봄의 의무와 부양의 개념은 찾아볼 수 없었다. 그저 딸은 정말 독립적인 존재였으며, 노부부에게 일어나고 있는 현재 문제점과 상황은 딸에게는 다른 사람의 일로 그려졌다. 영화이기에, 실제로는 어떠한지는 모르겠지만 한편으로는 저렇게 그려지는 영화의 한 장면에서 딸의 모습이 부럽기도 한 그런 마음이 들기도 했다. 이 영화에서도 그렇듯, 치매나 뇌졸중 등 노인성 질환이 생겼을 때 집안의 풍경은 전 세계가 동일할 것이다.

건강한 노후는 나를 위한 것이 아닌, 자녀들에게 줄 수 있는 최고의 유산이라고 생각한다. 나는 안타깝게도 금전적인 유산도 없었고, 부모님의 건강한 신체에 대한 유산도 받을 수 없었다. 하지만, 나도 건강하게 생을 마감할 수 있기를 희망하며, 나의 아들, 딸에게는 건강한 신체를 물려줄 유산으로 관리하고 싶다.

3. 독립적이고 생산적인 노년을 위해
행복한 노년

2019년 다큐멘터리 〈칠곡 가시나들〉이란 영화를 보셨나요? 내가 너무 좋아하는 영화로, 〈칠곡 가시나들〉 영화를 보고 난 후, 나의 노년기에 대한 삶을 생각하게 되며, 작업치료사로서의 가치관에도 영향을 미치게 된 영화이다.

칠곡에서 모인 80대 이상의 할머님들은 새롭게 한글을 배우고, 합창단을 나가며, 옹기종기 모여 생활을 한다. 한글을 배워 시집을 내기도 하고, 아들과 손자들에게 편지를 적기도 하며, 누구도 흉내 낼 수 없는 그런 감정의 내용을 시로 표현하고 있다.

이 영화를 보는 내내, 혼자 남은 할머님들이 행복한 노년을 보내고 있다는 것에 절로 미소를 지었다. 수업 시간 학교 학생들과 함께 영화를 보았는데, 학생들은 영화를 보고 난 후, 할머님들이 외롭고 슬퍼 보인다는 말을 했다. 하지만, 나는 정반대였다.

초고령 사회를 바라보는 한국은 요양병원, 요양원, 실버타운 등 노년을 보내기 위한 기관, 마을 등 여러 시설들이 생겼고, 지금도 진행 중이다. 지역 사회 케어 등 나라에서도 많은 노력을 하고 있다. 하지만, 현실은 여러 시설들에서 지내고 있는 노년의 삶은 정말 행복할까?

독립적이고 생산적인 노년기란, 자신이 하고 싶은 활동을 선택하고, 할 수 있는 일을 최대한 유지하는 것이다. 생산적인 노인이란 말이 나에게는 너무 멋지게 다가온다. 독립적이고 생산적인 노인이 되는 것이 지금 나의 노년의 꿈이다. 하고 싶은 일을 내가 선택하고, 나를 주체로 움직이는 나의 삶이 노년기에도 유지되기를 바라며, 나의 사랑하는 남편과 함께 그렇게 생산적인 노부부가 되기를 기대한다. 그렇게 우리 사회에 노년이 우울한 것만이 아닌, 생산적인 노년에 삶이 기대되려면 지금 우리는 많은 준비를 해야 할 것이다.

흔들리고, 잎을 떨구고 노쇠해질 때,
나의 노후에 돌봄은 누구에게 가야 할까?

맺음말

"넌 참 밝고 긍정적이야." "밝아서 참 좋아." "어쩜 그렇게 사람이 긍정적이에요?" "너무 매력 있어요." 20대 이후 줄곧 들어왔던 나를 포장하는 수식어이다. 그렇게 밝고, 긍정적인 이미지로 주변 사람들에게 호감을 끌었다.

나는 긍정적이지 않고서야, 밝지 않고서야, 하루하루 살아가는 것과 삶의 눈곱만큼이라도 희망이 보인다면 그 희망을 움켜잡고 살아가야 했다. 지금도 나는 눈곱만한 희망에서 주먹만 한 크기로 커진 희망을 움켜잡고 살아간다. 20대 고단한 삶이 하나의 방어기제로 나타난 결과지만, 주변에 좋은 영향을 줄 수 있다는 것으로 해석한다면, 이와 같은 칭찬에는 머리 숙여 감사함을 표한다.

지인 중 나를 만나고 캔디 같은 사람이라고 표현한 것을 우연히 전해 들었을 때, 괜스레 나의 눈에서는 눈물이 흘렀다. 물론 티를 내진 못했지만, 정말 나를 잘 표현한 캐릭터라 생각이 들었다. 외모가 아닌, 캔디의 성향이라고 할까. 외로워도 슬퍼도 나는 안 울어. 하지만, 현실에서 나는 울보다. 영화와 드라마에 슬픈 장면이 나오면 침을 꼴딱꼴딱 삼키기 바쁘고, 고개를 들어 눈물을 억지로 눈에 넣기 바쁘다. 남편은 그런 나를 보며, 또 우냐며 핀잔을 주지만, 그래도 내가 울 수 있는 하나의 방법이다.

그나마 제삼자의 삶을 보면서 눈물을 흘리고 나면, 속 시원한 마음으로 이내 내 마음에 고요함이 찾아온다. '누워있는 1등급 아빠'에 대해 글을 적으면서, 영상을 찍으면서 매일 가슴속 깊이 그날을 되새기며 다짐한다. 우리 행복하자.

마지막으로, 사랑하는 나의 엄마. 엄마가 글을 읽을 수 없어 이 책을 읽어볼 순 없겠지만, 그동안 제일 수고한 분은 이옥희 여사님 당신입니다. 엄마의 한결같은 긍정이 지금까지 두려움 없이 살아올 수 있었던 힘이 되었습니다. 사랑합니다.

📁
작사녀 이야기

작업치료라는 학문을 접하고, 저는 많은 성장을 했습니다. 보잘것없는 집안의 외동딸이기만 했던, 제가 작업치료에 대해 공부하고, 작업치료를 통해 인맥을 맺고 그렇게 인생의 큰 전환점을 가지게 되었습니다.

인생의 반을 작업치료의 삶을 그려가고 있습니다.

이렇게도 큰 힘을 가진 작업치료지만, 아직 작업치료사의 일을 모르거나, 작업치료과라는 학과도 처음 듣는 사람들이 있습니다.

이와 같은 현실이란 벽에 부딪혀, 상처를 받을 때도 많습니다.

하지만, 의미 있고 목적 있는 삶의 조력자인 작업치료사는 한 개인의 삶의 가치를 높여줍니다. 그것은 작업치료사만이 가능합니다.

개개인의 삶이 중요하고, 개인화가 되어가는 사회에 작업치료의 가치는 지금도 꾸준히 성장하고 있습니다.

곧 우리 사회에도 누구나 작업치료사가 어떤 일을 하는지, 어떤 직업인지, 어떤 학문인지 의문을 품지 않을 때가 있을 것입니다.

지금도 어딘가에서 진심으로 환자 또는 클라이언트를 돌보고 치료하는 작업치료사들을 늘 응원합니다.

진심으로 누군가를 돌본다는 건, 한 사람의 인생에서 가장 빛나는 순간입니다. 늘 그 자리에서 빛나는 당신들을 응원하며, 사랑합니다.

빛나는 당신들이 작업치료의 미래입니다.

작업치료사 화이팅!

- 작업치료를 사랑하는 그녀: 작사녀 올림 -

작업치료의 미래를 작사녀와 함께하실 분들은 부담없이 연락주세요.